300 JUEGOS Y EJERCICIOS DE PERCEPCIÓN ESPACIAL Y TEMPORAL

Javier Alberto Bernal Ruiz
Antonio Wanceulen Moreno
José Fco. Wanceulen Moreno

©Copyright: Los Autores

©Copyright: De la presente Edición, Año 2018 WANCEULEN EDITORIAL

Título: 300 JUEGOS Y EJERCICIOS DE PERCEPCIÓN ESPACIAL Y TEMPORAL

Autores: JAVIER ALBERTO BERNAL RUIZ, ANTONIO WANCEULEN MORENO y JOSÉ FRANCISCO WANCEULEN MORENO

Editorial: WANCEULEN EDITORIAL

Sello Editorial: WANCEULEN EDITORIAL DEPORTIVA

ISBN (Papel): 978-84-9993-976-6

ISBN (Ebook): 978-84-9993-977-3

Impreso en España. 2018

WANCEULEN S.L.

C/ Cristo del Desamparo y Abandono, 56 - 41006 Sevilla

Dirección web: www.wanceuleneditorial.com y www.wanceulen.com

Email: info@wanceuleneditorial.com

Reservados todos los derechos. Queda prohibido reproducir, almacenar en sistemas de recuperación de la información y transmitir parte alguna de esta publicación, cualquiera que sea el medio empleado (electrónico, mecánico, fotocopia, impresión, grabación, etc.), sin el permiso de los titulares de los derechos de propiedad intelectual. Cualquier forma de reproducción, distribución, comunicación pública o transformación de esta obra solo puede ser realizada con la autorización de sus titulares, salvo excepción prevista por la ley. Diríjase a CEDRO (Centro Español de Derechos Reprográficos, www.cedro.org) si necesita fotocopiar o escanear algún fragmento de esta obra.

ÍNDICE

- Introducción 7

- 100 JUEGOS Y EJERCICIOS DE PERCEPCIÓN ESPACIAL Y TEMPORAL
  PARA NIÑOS DE 10 A 12 AÑOS 13

- 100 JUEGOS Y EJERCICIOS DE PERCEPCIÓN ESPACIAL Y TEMPORAL
  PARA NIÑOS DE 8 A 10 AÑOS 65

- 100 JUEGOS Y EJERCICIOS DE PERCEPCIÓN ESPACIAL Y TEMPORAL
  PARA NIÑOS DE 3 A 6 AÑOS 117

Introducción

La percepción del propio cuerpo así como la percepción del entorno que nos rodea resulta esencial para poder alcanzar el éxito en nuestras respuestas motoras. Estos dos aspectos forman parte de lo que denominamos capacidades perceptivo-motrices, es decir, la capacidad de coordinar la información proveniente de los sentidos con el propio movimiento.

Responder a un estímulo supone mucho más que la propia ejecución de un movimiento, depende además de múltiples factores como son el momento de desarrollo de la propia imagen corporal del alumno y la percepción que este haga de su propio cuerpo, la percepción espacial, la percepción temporal, y la percepción espacio-temporal.

En este título les ofrecemos un variado repertorio de juegos para trabajar específicamente la percepción espacial y temporal con sus alumnos.

Concepto

La percepción que tienen nuestros alumnos de su propio cuerpo comienza a estructurarse en los primeros años de vida. Esta imagen que se debe hacer sobre sí mismo, también llamada esquema corporal, debe facilitarle el conocimiento automático de su estado postural, ya sea de forma estática o dinámica, así como la relación que pueda establecerse entre sus segmentos corporales o entre estos y el entorno en el que actúa. De este modo, las tres áreas sobre las que actúa directamente la percepción corporal serían:

- Conocimiento del propio cuerpo: en cuanto a estructuración física en la que se comienza aprendiendo cuáles son las partes más grandes del cuerpo y más tarde se disocian los segmentos (respondería a ¿qué segmentos es...?).

- Funcionamiento de las partes del cuerpo: como medio para posibilitar nuevas experiencias de interactuar con el entorno, comprendiendo los límites personales y la utilidad de cada una de las partes en la actividad que se desarrolla. Del mismo modo se vería en esta área la relación existente entre los diferentes segmentos corporales y el resultado que produce dicha interactividad (respondería a ¿para qué sirve el segmento...?).

- Experiencia del propio cuerpo cuando se relaciona con el medio: con el objetivo de ampliar el número de respuestas aprendidas ante estímulos parecidos (respondería a ¿si quiero golpear en un partido de fútbol utilizaría el segmento...?).

Veamos ahora otros conceptos que están íntimamente relacionados entre sí y con el conocimiento del propio cuerpo, la percepción espacial y la percepción temporal.

Cuando hablamos de percepción espacial, hacemos referencia a la capacidad del alumno para diferenciarse como entidad propia del mundo que le rodea (de otros objetos, de otros individuos...), lo que le lleva, además, a establecer una relación de distancia (proximidad – lejanía) entre él y otro sujeto u objeto, o entre sujetos y objetos entre sí.

La percepción temporal está muy ligada al concepto anterior, ya que, el alumno, lo que tiene en cuenta es una secuencia de percepciones espaciales y el tiempo que transcurre entre cada una de ellas.

Finalmente haremos referencia a un concepto que incluye a los tres que hemos visto con anterioridad, la percepción espacio temporal. En esta, el alumno hace uso de su imagen corporal para interactuar con el medio, teniendo en cuenta el espacio y el tiempo (y los posibles elementos que aparecen) para resolver la tarea que le ocupa.

Otros factores influyentes

Además del propio conocimiento del cuerpo y de las percepciones espacio temporales, existen otros elementos que se deben trabajar desde una globalidad, sobre todo en edades tan tempranas como la que nos ocupa. Estos son:

- Lateralidad: una de las peculiaridades del ser humano es que está "construido" mediante pares de elementos situados en el cuerpo de manera simétrica (dos brazos, dos piernas, dos ojos...), aunque siempre se utiliza una de las partes con mayor eficacia que la otra. A esta preferencia por el lado del cuerpo utilizado para ejecutar una tarea es a lo que llamamos lateralidad, y es la responsable de que golpeemos mejor con una pierna que con otra, utilicemos una raqueta con una u otra mano, saltemos con el apoyo de un determinado pie... La lateralidad depende en gran medida de la predominancia de uno de los hemisferios cerebrales sobre el otro (el izquierdo en los diestros, y el derecho en los zurdos). A modo anecdótico diremos que hay tres tipos de lateralidad: homogénea o integral (cuando un lado del cuerpo predomina absolutamente sobre el otro), heterogénea o no integral (cuando la predominancia no es total: cruzada, invertida...), y ambidiestro (no predomina ningún lado, utiliza con igual eficacia ambos lados, o utiliza un lado para unas tareas y el otro para otras diferentes).

- Tono postural: hace referencia a la cantidad de tensión o contracción muscular que posibilita las diferentes actividades corporales. Por regla general se trata de un estado permanentemente activo e inconsciente, por lo que su buen funcionamiento incidirá en el ahorro energético.
- Respiración: la toma de conciencia y el control de la respiración ayudan en el conocimiento del propio cuerpo (así como a la hora de aportar oxígeno y eliminar dióxido de carbono en la actividad física).
- Relajación: en cuanto que permite al alumno diferenciar los grados de tensión e incluso la ausencia de esta.

Consideraciones para la enseñanza

Resulta complicado plantear un trabajo específico para cada uno de los contenidos que hemos visto de forma resumida en las páginas anteriores, ya que existe una relación muy estrecha entre ellos. Aun así podemos hallar una correspondencia entre los tres grandes rasgos que darían como resultado diferentes tipos de tareas:

- **TEMPORALIDAD + ESPACIALIDAD:** trabajo de organización espacio-temporal.
- **TEMPORALIDAD + CORPORALIDAD:** trabajo de ritmo.
- **CORPORALIDAD + ESPACIALIDAD:** trabajo de lateralidad.

Atendiendo a la edad de los alumnos, el docente también debe tener en cuenta en su planificación las siguientes características:

- Las tareas de aprendizaje estarán basadas en la globalidad y en el juego, de modo que sea el alumno el protagonista de su aprendizaje y no el de uno forzado.
- Entre los 8 – 12 años el alumno ya posee una imagen definitiva de su esquema corporal, es decir, ya conoce las partes de su cuerpo y las considera como un agente más de los que puede incidir en el entorno.
- A partir de los 8 años el alumno ya tiene conciencia de los conceptos izquierda y derecha, por lo que el trabajo puede enfocarse más hacia la posición de él mismo respecto a objetos u otras personas en vez de hacia sus segmentos corporales.
- Los 8 – 12 años es un momento idóneo para comenzar el trabajo de ritmo de forma progresiva (palmadas, movimiento del cuerpo, coreografías…).

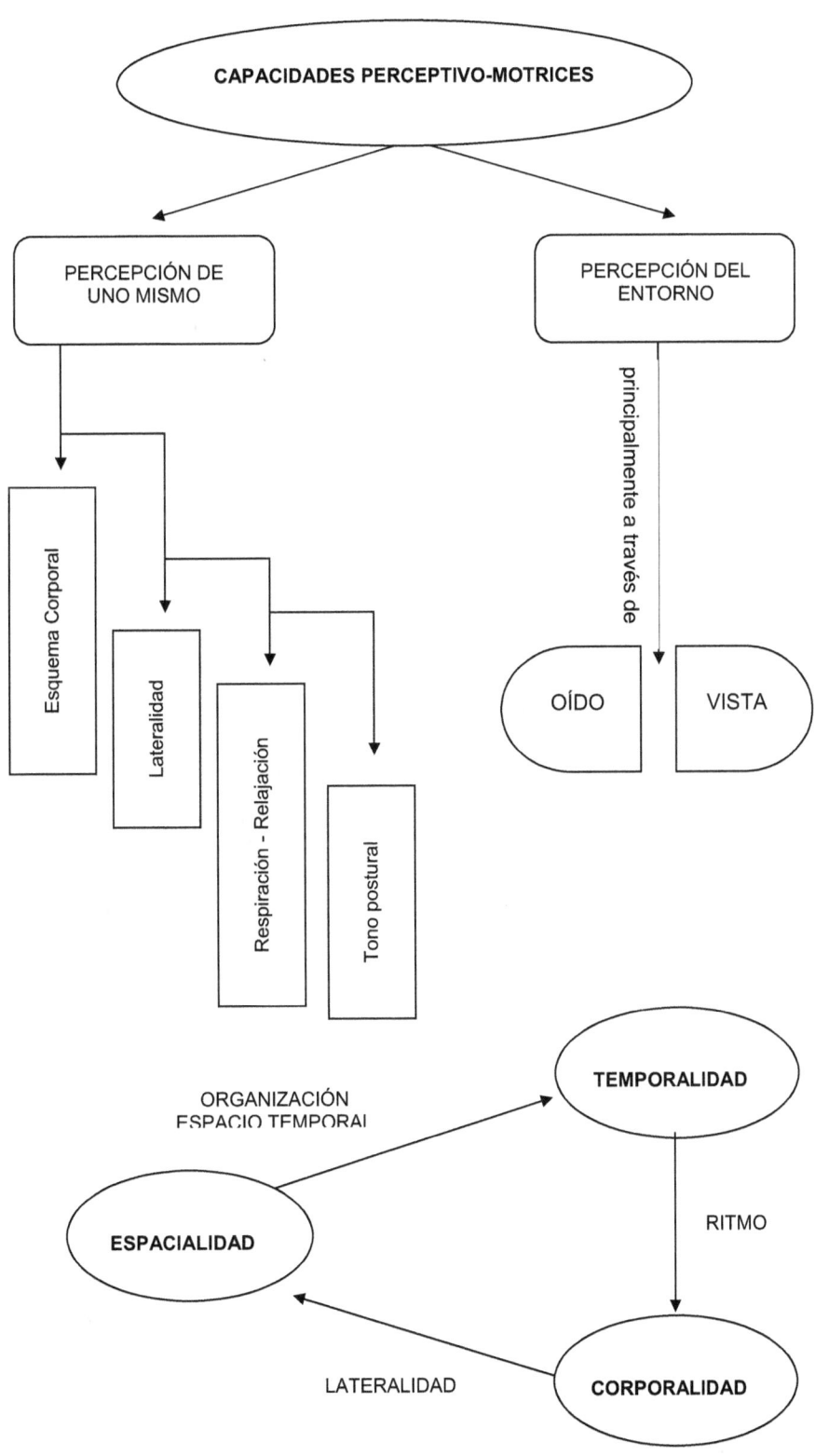

100 JUEGOS Y EJERCICIOS DE PERCEPCIÓN ESPACIAL Y TEMPORAL PARA NIÑOS DE 10 a 12 AÑOS

| ACTIVIDAD Nº 1 | Desplazarse por el espacio de trabajo caminando sobre la parte interna y externa de los pies. |

| ACTIVIDAD Nº 2 | Igual que el ejercicio anterior, pero ahora caminamos sobre los talones. |

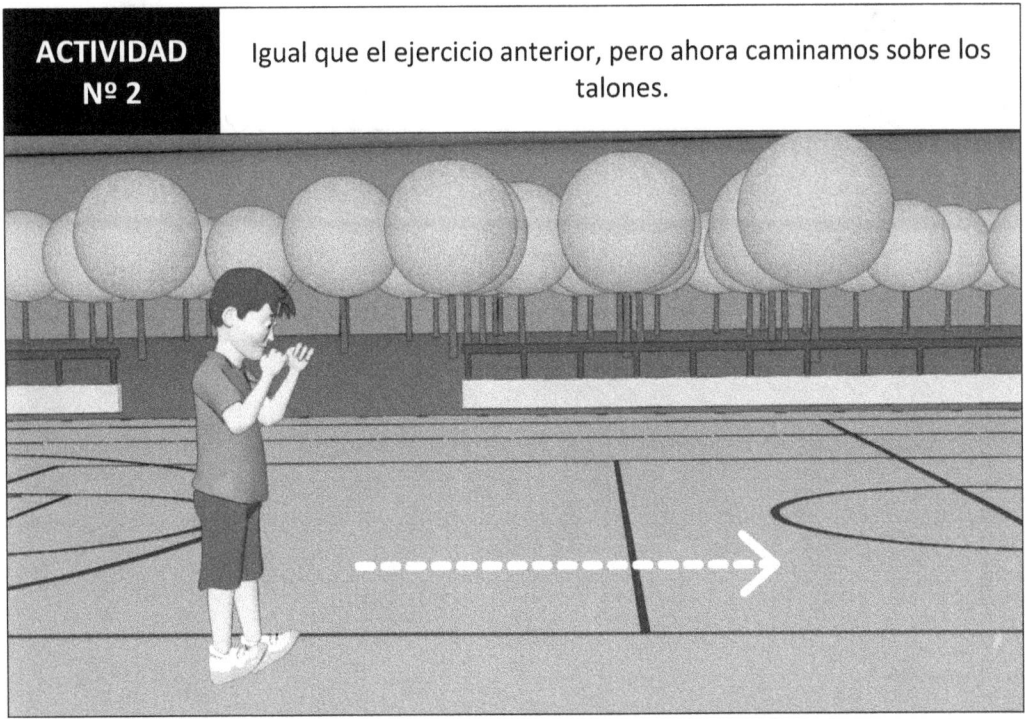

ACTIVIDAD Nº 3 Igual que el ejercicio anterior, pero ahora caminamos sobre las punteras.

ACTIVIDAD Nº 4 Desplazarse por el espacio de trabajo intentando hacer el menor ruido posible.

| ACTIVIDAD Nº 5 | Desplazarse por el espacio de trabajo estirándose lo máximo posible. |

| ACTIVIDAD Nº 6 | Desplazarse por el espacio de trabajo caminando de puntillas en diferentes direcciones (hacia atrás, a los lados...). |

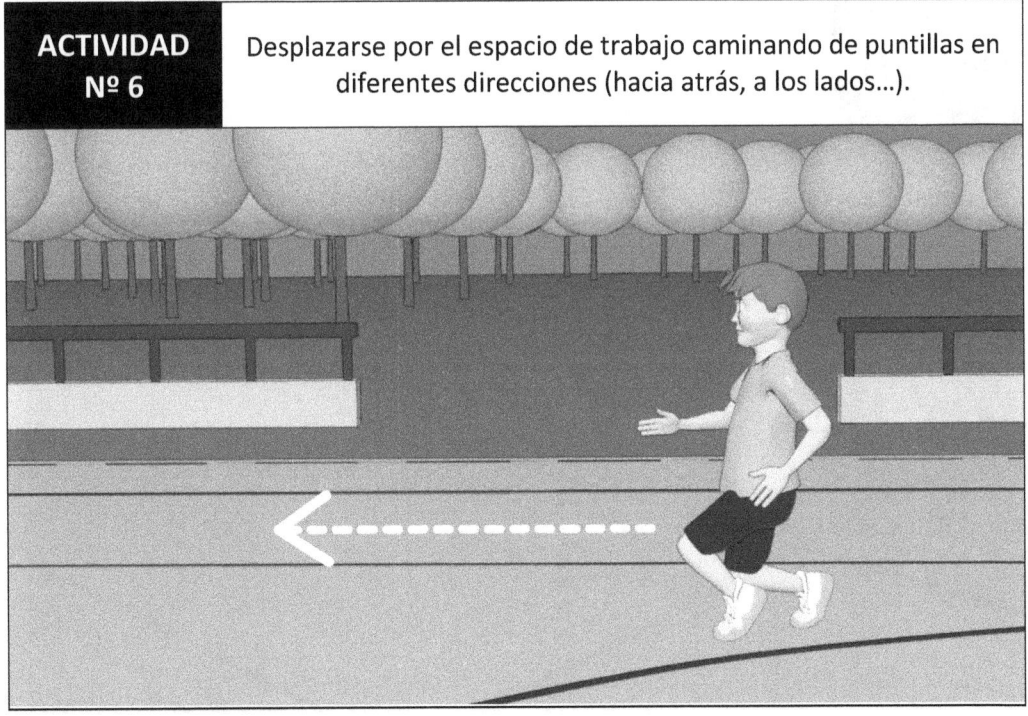

ACTIVIDAD Nº 7	Desplazarse por un espacio repleto de aros saltando y saliendo de ellos como indique el profesor (a pies juntos, a pata coja...)

ACTIVIDAD Nº 8	Jugar a "tú la llevas" sin pisar los aros que hay distribuidos por todo el terreno de juego.

ACTIVIDAD Nº 9	Colocando filas de aros o bien distribuidos por todo el espacio de forma aleatoria, saltar sobre un aro y pisar dentro con el pie contrario (ejemplo: saltamos con la derecha y pisamos con la izquierda). Después al revés.

ACTIVIDAD Nº 10	Igual que el ejercicio anterior, pero ahora el profesor indica si el salto o el apoyo dentro del aro se realizan con uno o dos pies.

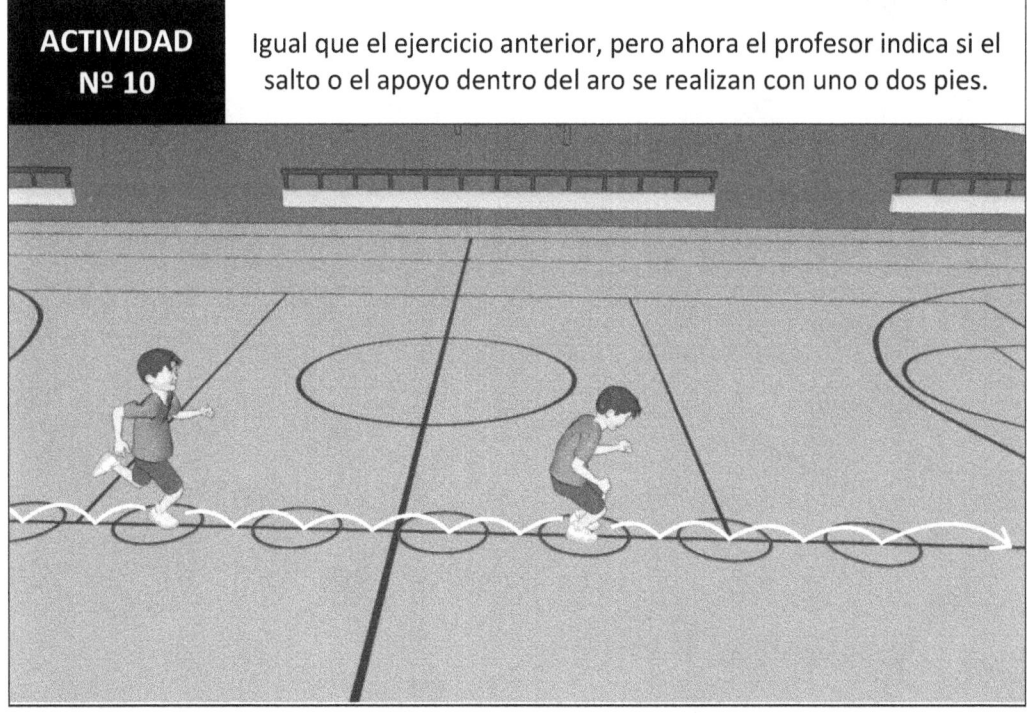

ACTIVIDAD Nº 11

Desplazarse por una fila de aros colocando un pie en cada uno de ellos y, en los dos últimos, pisar con las piernas abiertas frenando sin perder el equilibrio.

ACTIVIDAD Nº 12

Igual que el ejercicio anterior, pero ahora, antes de parar con ambos pies, recorremos una fila de aros situados en zig-zag.

| ACTIVIDAD Nº 13 | Individualmente con un aro, lanzarlo a diferentes alturas y atraparlo antes que caiga al suelo sin mover los pies. |

| ACTIVIDAD Nº 14 | Desplazarse por el espacio de trabajo rodando un aro con la mano sin que se nos caiga. |

| ACTIVIDAD Nº 15 | Desplazarse por el espacio de trabajo lanzando un aro hacia delante a diferentes velocidades y corriendo a recogerlo antes que caiga al suelo. |

| ACTIVIDAD Nº 16 | Situados en grupo, un alumno dándole la espalda a sus compañeros, intenta adivinar quién ha hecho un ruido. |

| ACTIVIDAD Nº 17 | Por parejas, un compañero dando la espalda al otro, intenta adivinar en qué dirección se mueve su pareja. |

| ACTIVIDAD Nº 18 | Tras colocar un recorrido con diferentes objetos, un alumno se inventa un recorrido y sus compañeros tienen que repetirlo sin equivocarse. A medida que lo vamos consiguiendo se aumenta la dificultad del recorrido. |

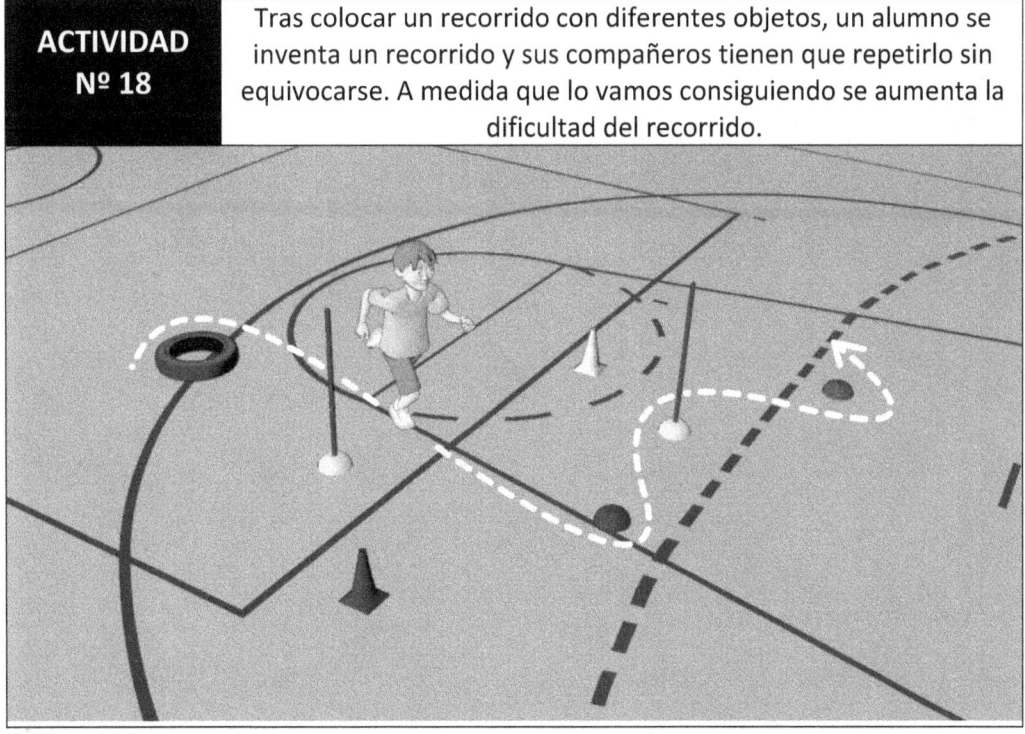

| ACTIVIDAD Nº 19 | Por parejas o en filas, el alumno que se desplaza por el recorrido lo hace siguiendo el camino que la descrito su compañero. |

| ACTIVIDAD Nº 20 | Por tríos, los dos primeros corren delante cogidos de la mano a diferentes velocidades y el tercero les sigue siempre a la misma distancia. |

| ACTIVIDAD Nº 21 | En grupos, desplazarse por espacio repleto de obstáculos manteniendo todos la misma separación y la misma velocidad, Cada uno sorteará el obstáculo que se encuentre en su camino sin perder el ritmo. |

| ACTIVIDAD Nº 22 | Por parejas, situados ante un terreno lleno de obstáculos, el primero guía a su compañero que va con los ojos vendados para que llegue al lado contrario sin chocarse. |

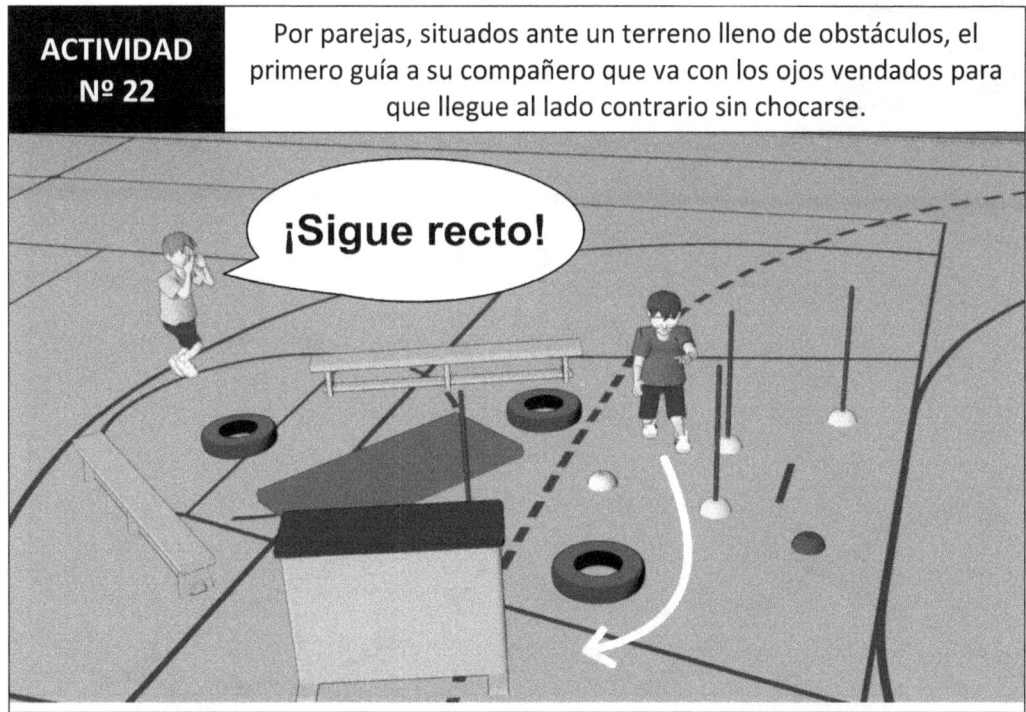

| ACTIVIDAD Nº 23 | Igual que el ejercicio anterior, pero ahora sólo vale guiar a nuestro compañero mediante sonidos. |

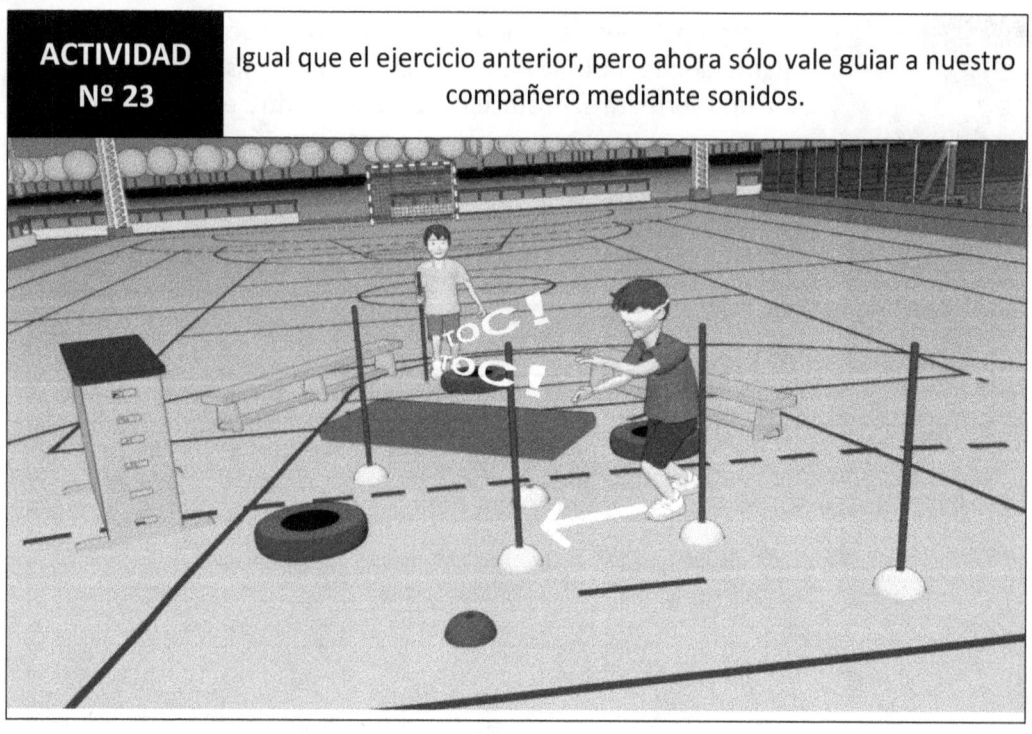

| ACTIVIDAD Nº 24 | Recorrer un espacio repleto de obstáculos haciendo zig-zag sólo entre los que indica el profesor. |

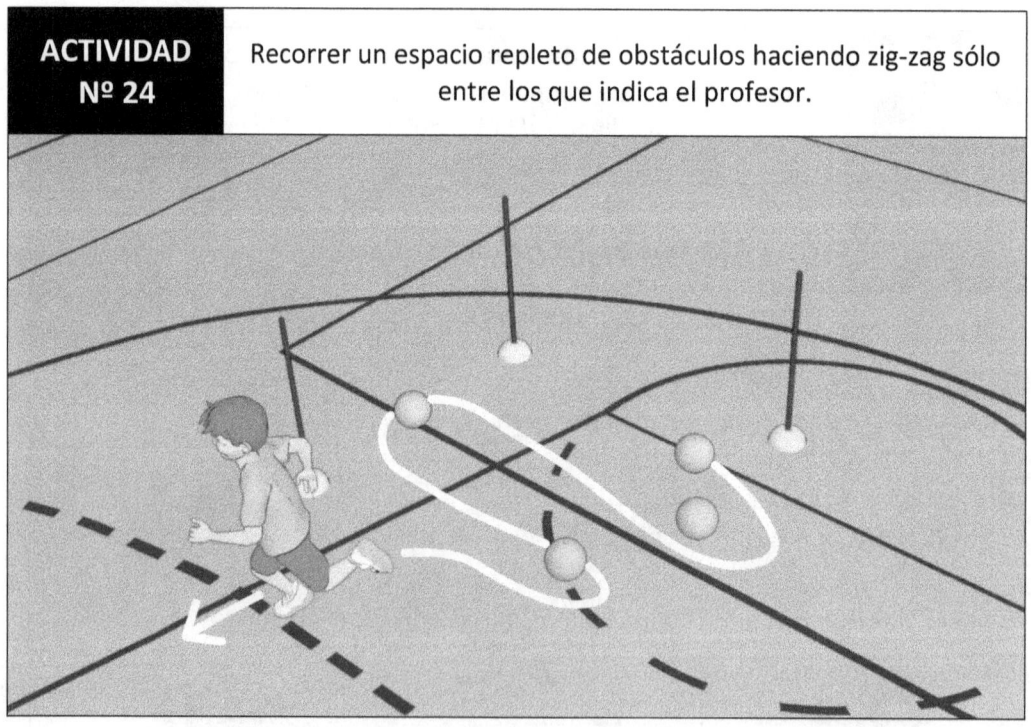

| ACTIVIDAD Nº 25 | Desplazarse por un espacio repleto de obstáculos girando hacia los lados que indica nuestro compañero. |

| ACTIVIDAD Nº 26 | En tríos, el primero se desplaza a diferentes velocidades y el resto le intenta seguir siempre a la misma distancia. |

| ACTIVIDAD Nº 27 | En tríos, desplazarse por el espacio de trabajo formando figuras y cambiando de una a otra manteniendo siempre la misma distancia entre cada compañero. |

| ACTIVIDAD Nº 28 | Jugar al gato y al ratón, pudiéndose desplazar el que la queda por una zona delimitada por conos sin salirse. |

ACTIVIDAD Nº 29

Igual que el ejercicio anterior, pero ahora los pases se deben de realizar con los pies.

ACTIVIDAD Nº 30

Igual que los ejercicios anteriores, pero ahora los pases tienen que ser picados y tienen que botar dentro de la zona delimitada.

| ACTIVIDAD Nº 31 | Por tríos, desplazarse por el espacio de trabajo cambiándose dos balones lo más rápido posible sin que un mismo jugador los tenga a la vez. |

| ACTIVIDAD Nº 32 | Igual que el ejercicio anterior, pero ahora los pases se realizan con los pies. |

| ACTIVIDAD Nº 33 | Por parejas, desplazarse hasta el lado contrario de la pista pasándose una pelota y variando la distancia entre compañero. |

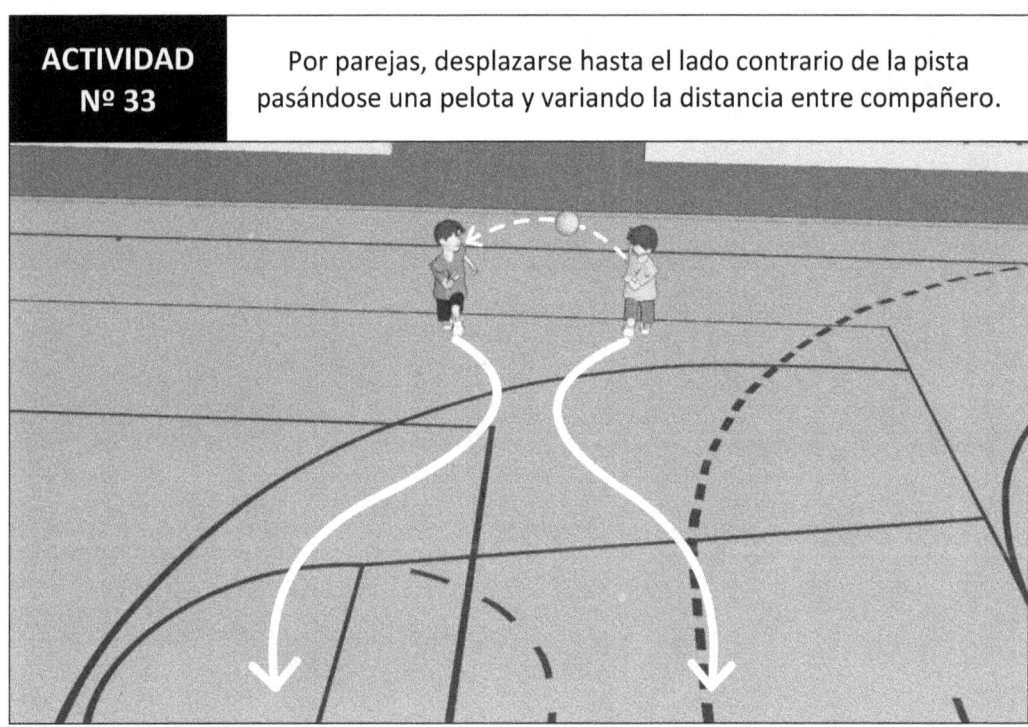

| ACTIVIDAD Nº 34 | Por parejas, desplazarse hasta el otro lado de la pista pasándose una pelota de formas variadas. |

| ACTIVIDAD Nº 35 | Por parejas, el primero dentro de un aro, lanza una pelota hacia arriba para que la atrape su compañero antes de caer. Éste se la devuelve para que lo lance de nuevo a otra distancia. |

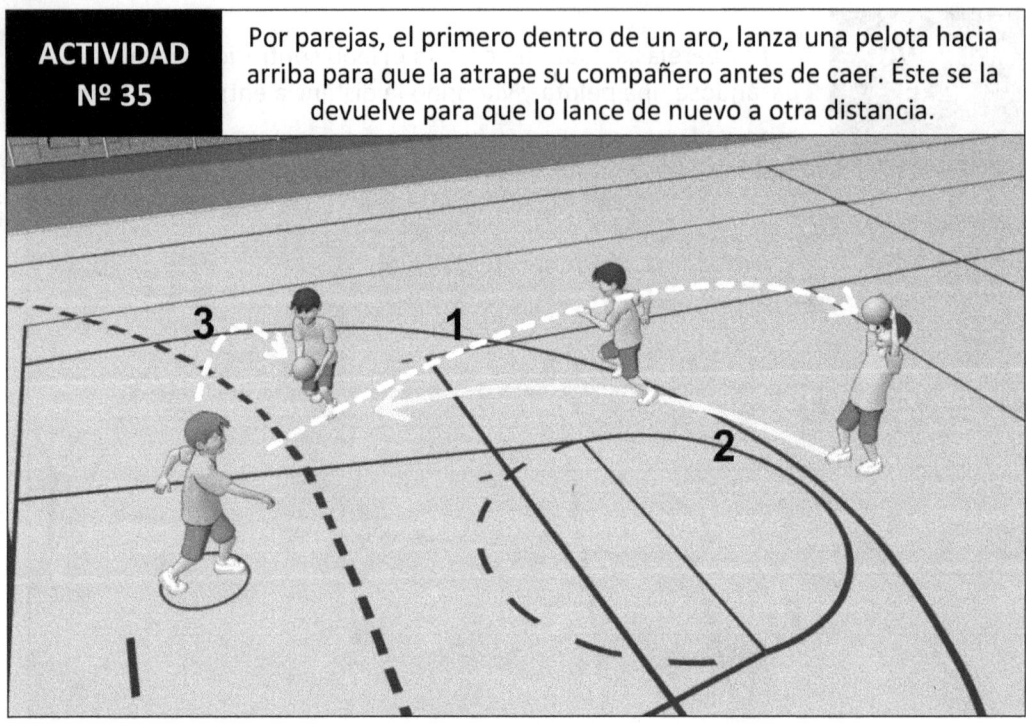

| ACTIVIDAD Nº 36 | Al revés que en el ejercicio anterior, ahora el que modifica su posición es el que lanza la pelota hacia arriba intentando que llegue al compañero que esta dentro del aro. |

| ACTIVIDAD Nº 37 | Por parejas, el primero chuta el balón contra una pared y su compañero la recoge antes de que dé un número determinados de botes. |

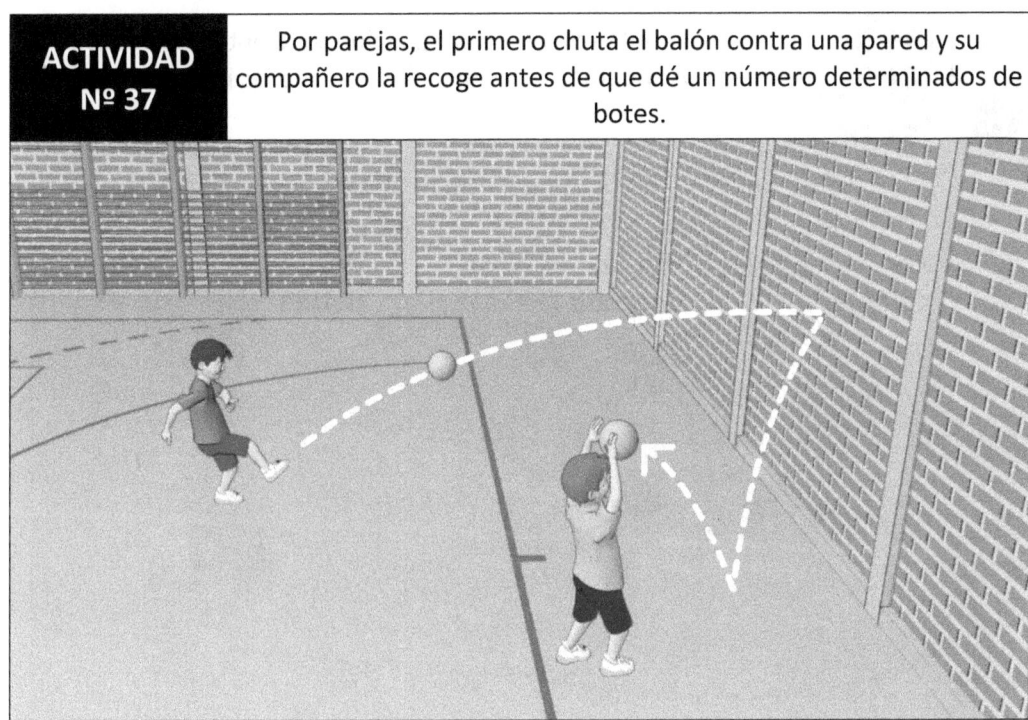

| ACTIVIDAD Nº 38 | Igual que el ejercicio anterior, pero ahora no está permitido ningún bote previo. |

| ACTIVIDAD Nº 39 | Individualmente con un balón de baloncesto, intentar botarlo mientras nos situamos respecto a él siguiendo las indicaciones del profesor. |

| ACTIVIDAD Nº 40 | Desplazarse por el espacio de trabajo con un balón llevándolo siempre donde indique el profesor (delante, a un lado...). |

| ACTIVIDAD Nº 41 | Por parejas, el primero bota el balón con una mano mientras su compañero lo conduce con el pie del lado contrario. |

| ACTIVIDAD Nº 42 | Por parejas, correr manteniendo la misma distancia entre ambos para que no se nos caiga la cuerda que transportamos sobre los hombros. |

| ACTIVIDAD Nº 43 | Por parejas, desplazarse corriendo uno detrás del otro siempre a la misma distancia para que no se suelte la cuerda que llevamos atrapada débilmente en el pantalón. |

| ACTIVIDAD Nº 44 | Por parejas, atrapando cada uno un cabo de la misma, un alumno intenta que siempre esté tensa mientras que el otro trata de impedirlo modificando su velocidad o la dirección del movimiento. |

ACTIVIDAD Nº 45   Por parejas, el primero le lanza una cuerda enrollada a su compañero para que éste la recoja en una posición determinada (por la espalda, cerca del suelo, a un lado...).

ACTIVIDAD Nº 46   Igual que el ejercicio anterior, pero ahora el alumno que lanza la cuerda también indica a qué lado debe atraparla.

ACTIVIDAD Nº 47

Por tríos, siempre desplazándose hacia delante y hacia atrás, los dos primeros mantienen una cuerda tensa y un pañuelo, y el tercero va y viene intentando atraparlo.

ACTIVIDAD Nº 48

Por tríos o en grupos, dos alumnos bailan una comba y el resto tienen que saltar por encima sin interrumpir el movimiento.

ACTIVIDAD Nº 49

En grupos, mantener por parejas diferentes cuerdas a modo de vallas para que las salten otros compañeros.

ACTIVIDAD Nº 50

Igual que el ejercicio anterior, pero ahora las cuerdas se colocan altas o bajas para pasarlas por debajo o por arriba según correspondan.

| ACTIVIDAD Nº 51 | Individualmente con un balón, lanzarlo hacia arriba intentando dar un determinado número de palmadas antes de atraparlo. |

| ACTIVIDAD Nº 52 | Individualmente con un balón, botarlo a diferentes velocidades (rápido, lento...). |

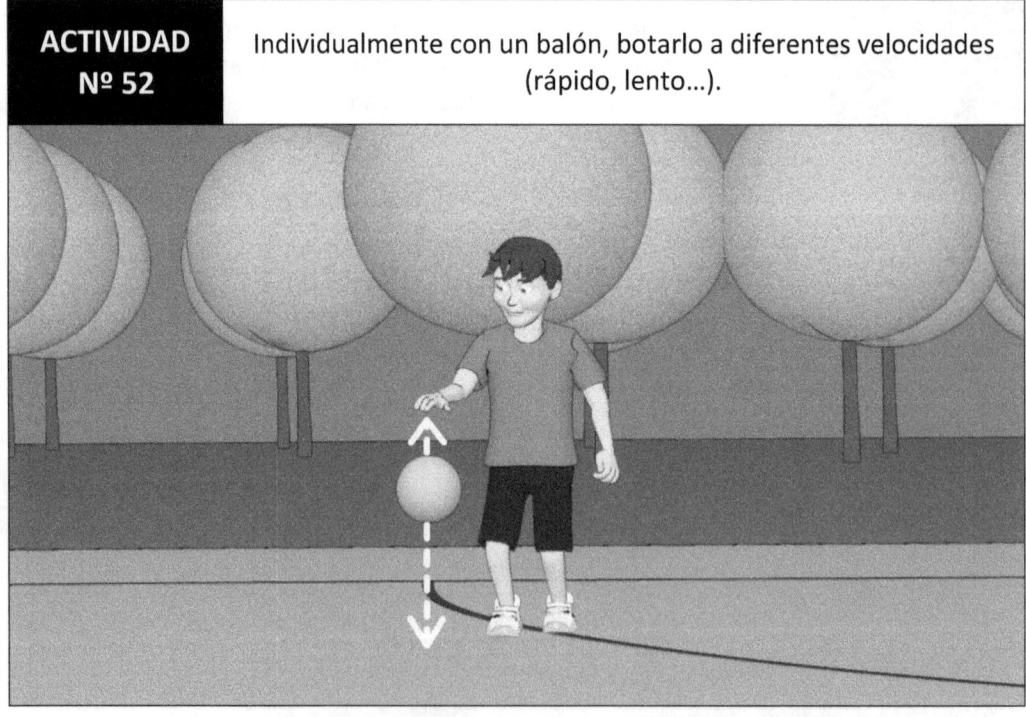

| ACTIVIDAD Nº 53 | Individualmente con un balón, rodarlo por el suelo y correr respecto a él según indique el profesor (delante, a un lado, de tras de él). |

| ACTIVIDAD Nº 54 | Desplazarse hasta el otro lado del terreno de juego lo más rápido posible botando el balón. |

| ACTIVIDAD Nº 55 | Por parejas con un balón, pasárselo de compañero a compañero a diferentes velocidades. |

| ACTIVIDAD Nº 56 | En gran grupo, movernos al ritmo de la música por todo el espacio de trabajo. Si la música para nosotros nos paramos. |

| ACTIVIDAD Nº 57 | Por parejas, el primero se desplaza por el espacio de trabajo y se para cuando quiere. El segundo sólo se puede mover cuando su compañero está parado. |

| ACTIVIDAD Nº 58 | Individualmente con un balón, desplazarnos dando saltos mientras seguimos el ritmo de nuestros botes. |

| ACTIVIDAD Nº 59 | Por parejas o en grupos, los que no tienen balón sólo se pueden mover cuando el equipo contrario no esté botando. |

| ACTIVIDAD Nº 60 | Por parejas, desplazarse un compañero tras otro intentando el de atrás tocar en la espalda al de delante cuando éste no esté mirando. |

ACTIVIDAD Nº 61 — Individualmente con una cuerda, intentar saltarla a pies juntos a diferentes velocidades.

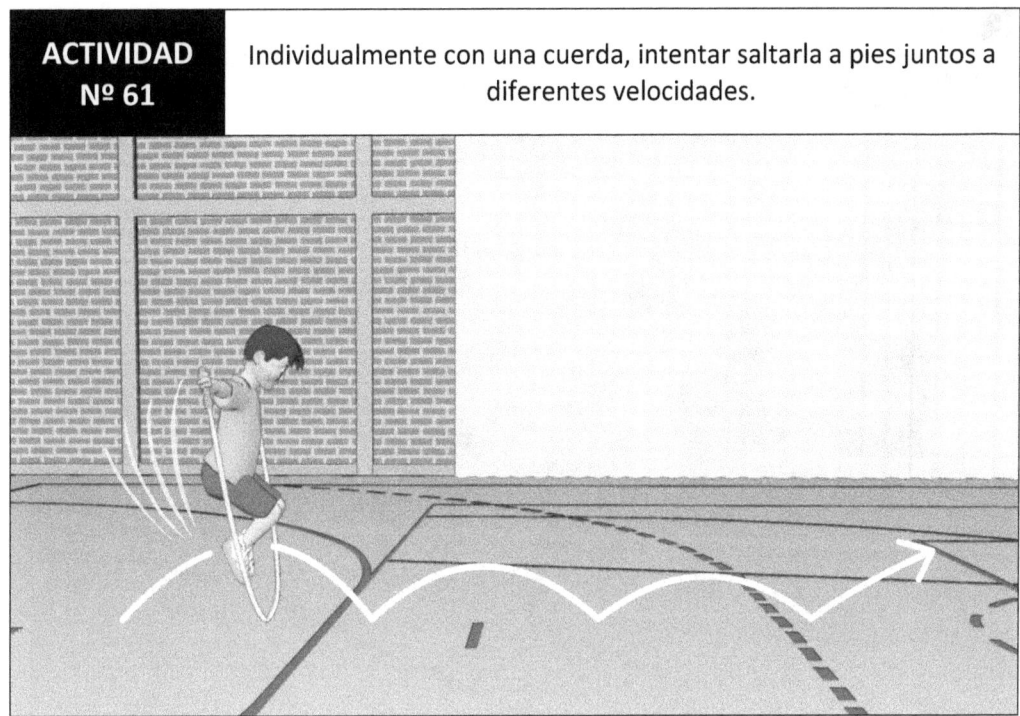

ACTIVIDAD Nº 62 — Estableciendo un tiempo determinado para todos los alumnos, ¿quién da más saltos seguidos?

| ACTIVIDAD Nº 63 | Por parejas, el primero lleva un ritmo dando palmas y su compañero intenta imitarlo mientras salta la comba. |

| ACTIVIDAD Nº 64 | Por parejas, cada uno con una cuerda, intentar saltar llevando siempre el mismo ritmo. |

| ACTIVIDAD Nº 65 | Realizar una carrera de relevos saltando una comba en el que el testigo es la propia cuerda. |

| ACTIVIDAD Nº 66 | Individualmente con una pica, desplazarse por el espacio de trabajo dando un número de pasos establecido previamente por el profesor y después golpear con la pica en el suelo (golpear cada tres o cinco pasos). |

| ACTIVIDAD Nº 67 | Igual que el ejercicio anterior, pero ahora golpeamos con la pica en el suelo cuando lo indique el profesor. |

| ACTIVIDAD Nº 68 | Por parejas, con una pica, ¿cuál de los dos es capaz de mantenerla en equilibrio más tiempo sobre la palma de la mano? |

ACTIVIDAD Nº 69

Por parejas, cada uno con una pica, uno inventa un ritmo y su compañero tiene que imitarlo. Cuando lo haya conseguido hay cambio de roles.

ACTIVIDAD Nº 70

En gran grupo, todos se desplazan detrás de un compañero que varía la velocidad.

ACTIVIDAD Nº 71 — Por parejas, uno al lado del otro, intenta mantenerse en esta posición mientras su compañero cambia de dirección y de velocidad.

ACTIVIDAD Nº 72 — Por parejas, el primero realiza un desplazamiento modificando su velocidad, y después su compañero tiene que copiarlo.

ACTIVIDAD Nº 73 Por parejas, el primero inventa un ritmo con un pandero mientras su compañero se desplaza al ritmo de la percusión.

ACTIVIDAD Nº 74 Igual que el ejercicio anterior, pero ahora el que se desplaza por el espacio de trabajo lo hace dando saltos.

| ACTIVIDAD Nº 75 | Individualmente, intentar reproducir un ritmo que hemos escuchado antes en una canción dando golpes en el suelo. |

| ACTIVIDAD Nº 76 | Igual que en el ejercicio anterior, pero ahora intentamos reproducir el ritmo de la canción golpeándonos diferentes partes del cuerpo. |

| ACTIVIDAD Nº 77 | Por parejas, un alumno inventa un ritmo muy rápido y lo reproduce en un pandero para que su compañero se mueva a ese ritmo/velocidad. |

| ACTIVIDAD Nº 78 | Igual que el ejercicio anterior, pero ahora el ritmo es muy lento. |

| ACTIVIDAD Nº 79 | Por parejas, representar gestos deportivos u otras acciones a la velocidad que indica el profesor (cámara rápida, cámara lenta). |

| ACTIVIDAD Nº 80 | Por parejas, el primero se desplaza por el espacio de trabajo a diferentes velocidades y su compañero tiene que adivinar a qué ritmo va. |

ACTIVIDAD Nº 81 En grupo, un compañero marca un ritmo dando palmas mientras el resto se desplaza por una fila de aros imitando ese mismo ritmo.

ACTIVIDAD Nº 82 Igual que el ejercicio anterior, pero ahora tenemos que dar dos saltos en cada aro.

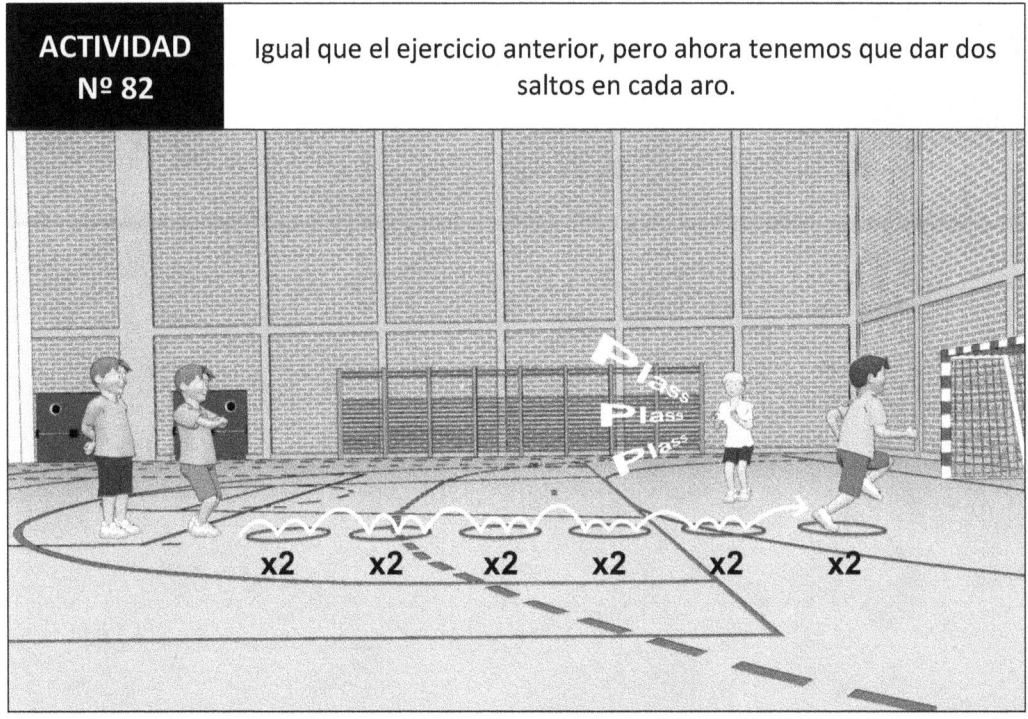

ACTIVIDAD Nº 83

Igual que el ejercicio anterior, pero ahora nos desplazamos siguiendo el ritmo mientras damos tres saltos en cada aro.

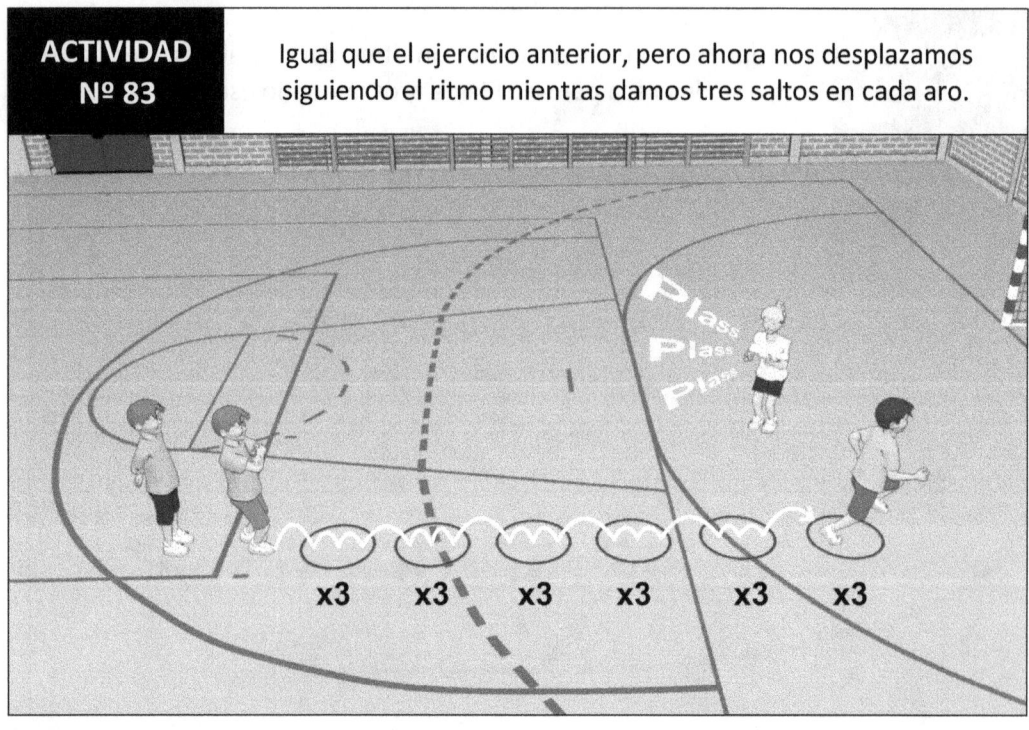

ACTIVIDAD Nº 84

En grupos de igual número, realizar una carrera en que, el que la queda, le pasa el balón al primer compañero para que se siente, éste se la devuelve y ahora pasa al segundo de la fila y así sucesivamente. El primero que siente a todo su grupo gana.

ACTIVIDAD Nº 85

En grupos, cada uno con tres balones y frente a una fila de tres aros, realizar una carrera de relevo en la que cada alumno debe hacer tres viajes de ida y vuelta para bien recoger o bien colocar las pelotas dentro de los aros según le toque en su turno.

ACTIVIDAD Nº 86

Desplazarse por un espacio lleno de balones sin tocarlos.

| ACTIVIDAD Nº 87 | Individualmente con un balón, botarlo imitando el ritmo de botes que marca el profesor. |

| ACTIVIDAD Nº 88 | Igual que el ejercicio anterior, pero ahora imitamos la velocidad y la conducción del balón que realiza el profesor. |

| ACTIVIDAD Nº 89 | Por parejas, cada uno con un balón, intentar chutar contra una pared para que golpeen los dos balones a la vez. |

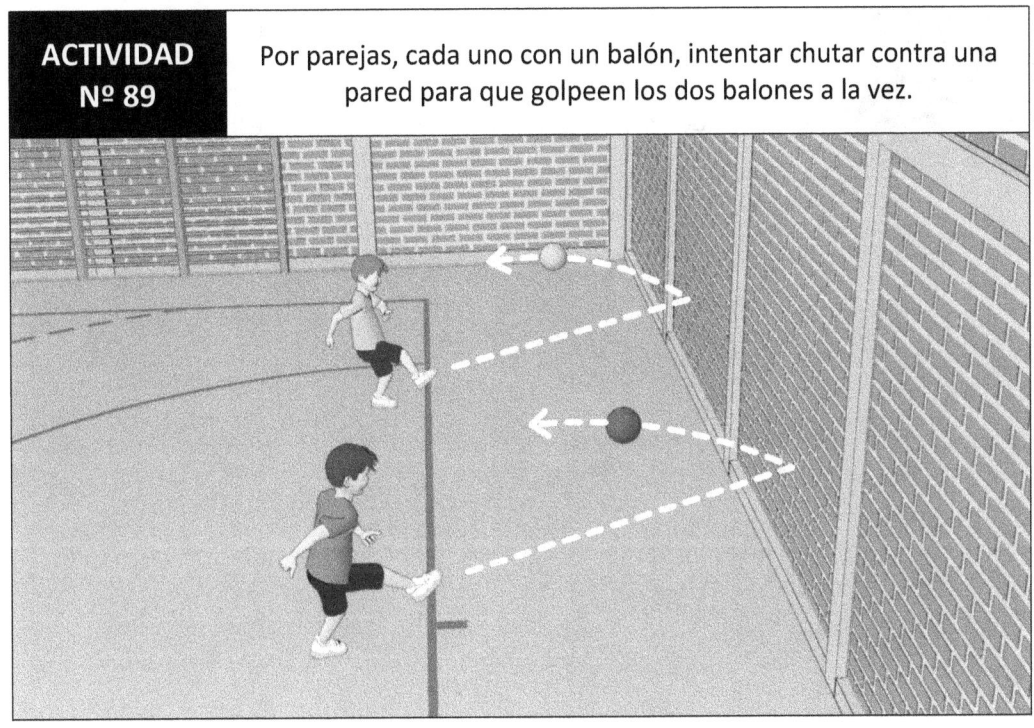

| ACTIVIDAD Nº 90 | Por parejas, el primero bota o realiza varios movimientos con el balón, y a continuación su compañero tiene que imitarlo. |

ACTIVIDAD Nº 91	En grupo, realizar una carrera de relevos en la que el último corre haciendo zig-zag entre sus compañero y cuando llega al principio se acuesta. El siguiente compañero vuelve a hacer zig-zag y al final salta al que esta acostado y se acuesta. Así sucesivamente hasta llegar al final.

ACTIVIDAD Nº 92	En grupo sentados en círculo, el profesor marca un ritmo y, a cada palmada, el alumno al que le corresponda el turno se sienta o se levanta.

| ACTIVIDAD Nº 93 | Desplazarse por una fila de aros pisando con un pie en cada uno de ellos. |

| ACTIVIDAD Nº 94 | Desplazarse por una fila de aros, dando un salto en el primero, dos en el segundo, tres en el tercero, y así sucesivamente hasta llegar al final. |

| ACTIVIDAD Nº 95 | Igual que el ejercicio anterior, pero ahora tenemos que dar un número de saltos determinados en cada aro. |

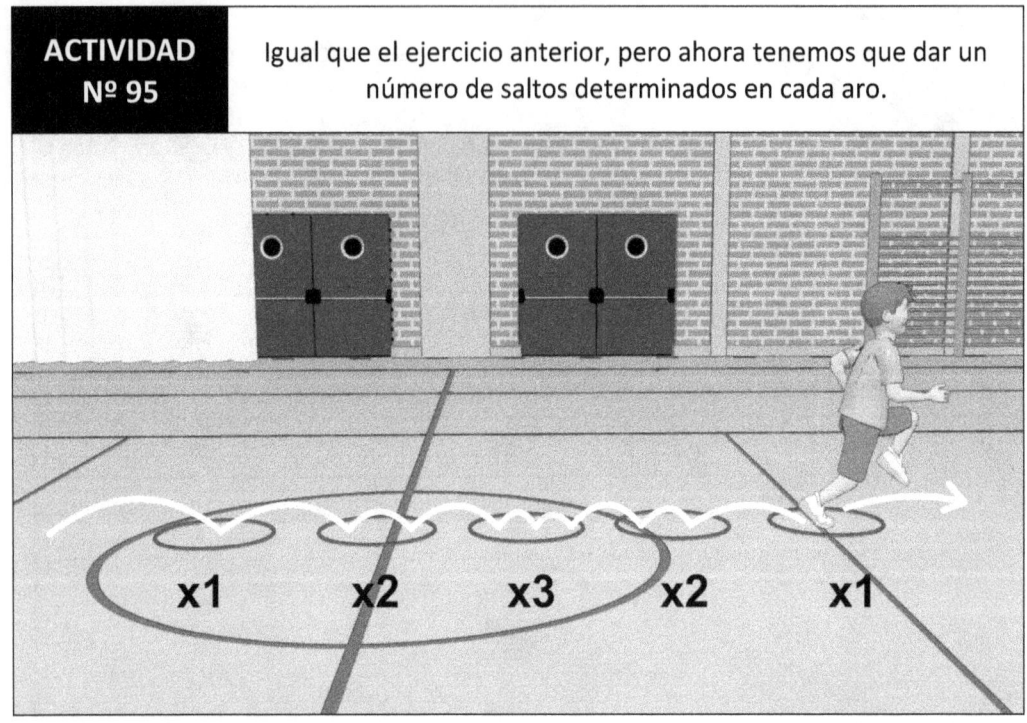

| ACTIVIDAD Nº 96 | Tras haberse desplazado por una fila de aros, reproducir el ritmo que hemos llevado dando esta vez golpes con los pies en el suelo. |

| ACTIVIDAD Nº 97 | Moverse libremente y chillar cuando el profesor nos esté mirando. Cuando se da la vuelta todos se quedan como estatuas. |

| ACTIVIDAD Nº 98 | Por parejas, si nuestro compañero corre nosotros saltamos, y si se acuesta nosotros gateamos. |

| ACTIVIDAD Nº 99 | En grupos, sentados haciendo un tren y asignándole a cada uno un color, cada vez que el profesor muestre la cartulina con el color de nuestro grupo nos moveremos hacia delante. |

| ACTIVIDAD Nº 100 | Por grupos, realizar una carrera de relevos en la que hay que pasar por una fila de aros siguiendo las indicaciones del profesor. |

100 JUEGOS Y EJERCICIOS DE PERCEPCIÓN ESPACIAL Y TEMPORAL PARA NIÑOS DE 8 a 10 AÑOS

ACTIVIDAD Nº 1 — En gran grupo, desplazarse por el espacio de trabajo colocándonos donde indique el profesor.

¡Delante de la portería!

ACTIVIDAD Nº 2 — Por parejas, desplazarse por el terreno de juego manteniendo siempre la misma distancia. El compañero de delante intenta equivocar al de atrás.

| ACTIVIDAD Nº 3 | Igual que el ejercicio anterior, pero ahora el compañero de atrás va dando saltos con los pies juntos. |

| ACTIVIDAD Nº 4 | Igual que los ejercicios anteriores, pero ahora se hacen en tríos. |

| ACTIVIDAD Nº 5 | En grupos de tres, los dos primero hacen de caballo atrapando cada uno una cuerda, y el tercero los dirige tirando de una o de otra cuerda según quiera girar a derecha o izquierda. |

| ACTIVIDAD Nº 6 | Por parejas, desplazándose corriendo por el espacio de trabajo, el primer alumno le indica al segundo dónde tiene que ir colocándose. |

| ACTIVIDAD Nº 7 | En grupo, realizar una carrera de relevo indicando a qué lado del obstáculo tenemos que hacer el camino de ida y de vuelta. |

| ACTIVIDAD Nº 8 | Individualmente, cada alumno con una pelota, seguir las indicaciones del profesor colocándonos en el espacio de trabajo tomando como punto de referencia nuestra pelota. |

| ACTIVIDAD Nº 9 | Individualmente, tras lanzar una pelota de forma rodada, desplazarse teniéndola como punto de referencia (a su derecha, delante…). |

| ACTIVIDAD Nº 10 | Individualmente con un balón, lanzarlo hacia arriba e intentar cogerlo a nuestra espalda sin que caiga al suelo. |

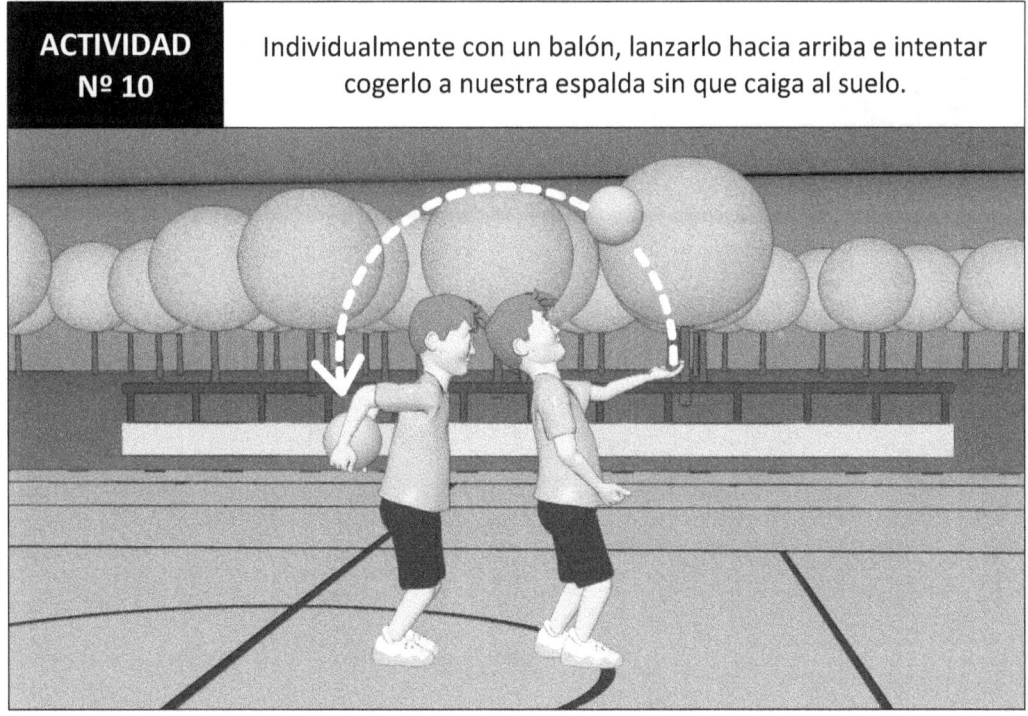

| ACTIVIDAD Nº 11 | Igual que el ejercicio anterior, pero ahora lanzamos de atrás hacia delante. |

| ACTIVIDAD Nº 12 | Igual que los ejercicios anteriores, pero ahora lanzamos entre nuestras piernas y recogemos el balón por arriba. |

ACTIVIDAD Nº 13

Por parejas, lanzarle un balón a nuestro compañero para que éste nos lo devuelva chocándolo con otro.

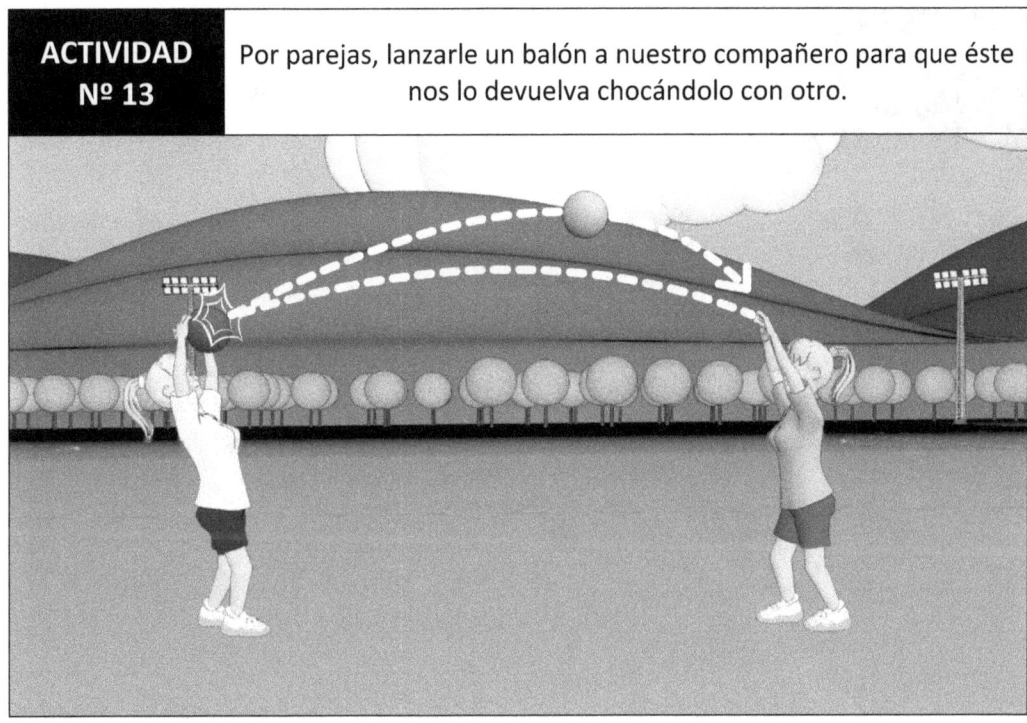

ACTIVIDAD Nº 14

Igual que el ejercicio anterior, pero ahora el golpeo lo realizamos a la altura de la cintura.

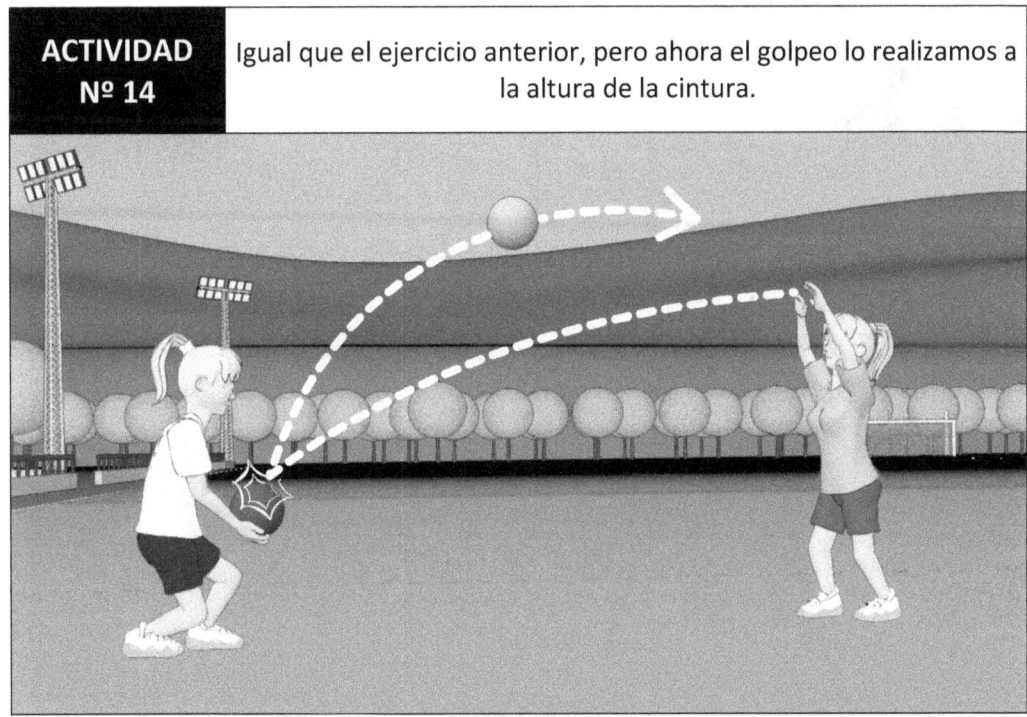

| ACTIVIDAD Nº 15 | Por parejas o tríos, desplazarse por el espacio de trabajo, realizando el mayor número de pases posibles con las manos. |

| ACTIVIDAD Nº 16 | Igual que el ejercicio anterior, pero ahora nos pasamos el balón con los pies. |

ACTIVIDAD Nº 17 — En gran grupo, y con varios balones, lanzarlo a cualquier alumno lo más rápido posible, como si quemase.

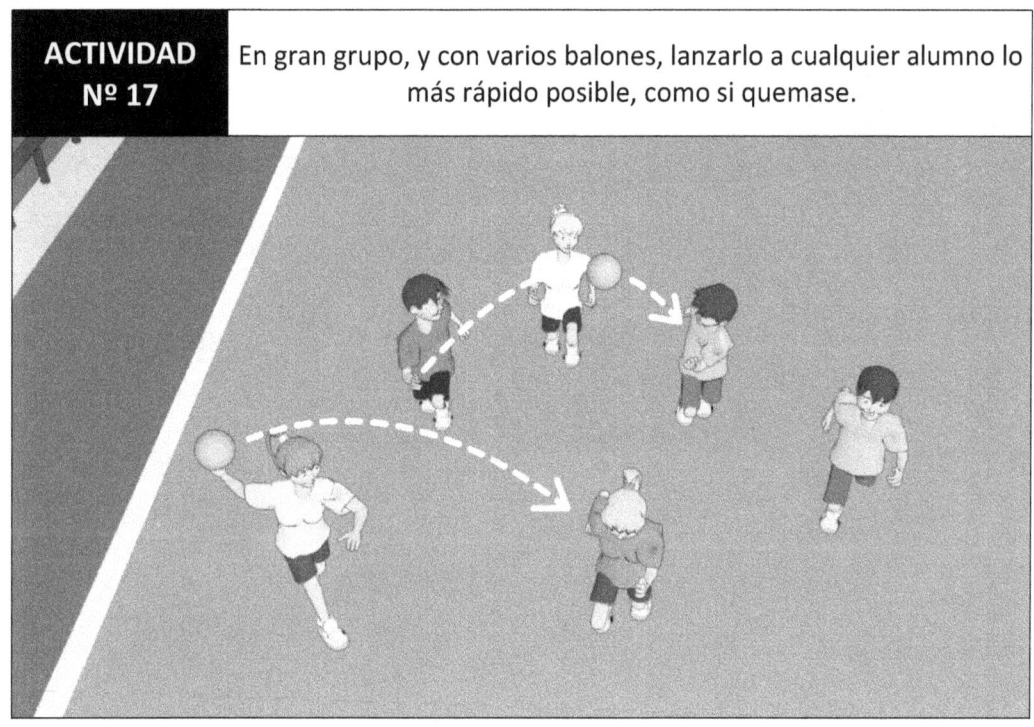

ACTIVIDAD Nº 18 — Igual que el ejercicio anterior, pero ahora los pases se realizan con los pies.

| ACTIVIDAD Nº 19 | En grupos de tres, el jugador del medio intenta interceptar el pase de sus compañeros sin salirse de la zona marcada. |

| ACTIVIDAD Nº 20 | Igual que el ejercicio anterior, pero ahora los pases se realizan con los pies. |

ACTIVIDAD Nº 21

Igual que el ejercicio anterior, pero ahora los pases se realizan con las manos y con botes intermedios.

ACTIVIDAD Nº 22

Desplazarse por el espacio de trabajo por parejas, en diferentes direcciones y dándose pases con un balón

| ACTIVIDAD Nº 23 | Desplazarse libremente por el espacio de trabajo, dándolos pases al compañero de forma diferente (un bote, hacia arriba...). |

| ACTIVIDAD Nº 24 | Igual que el ejercicio anterior, pero ahora los pases se realizan con los pies (rodados, botando...). |

| ACTIVIDAD Nº 25 | Por parejas, el primero realiza pases siempre desde el mismo sitio a un compañero que tiene que variar su posición según le venga la pelota. |

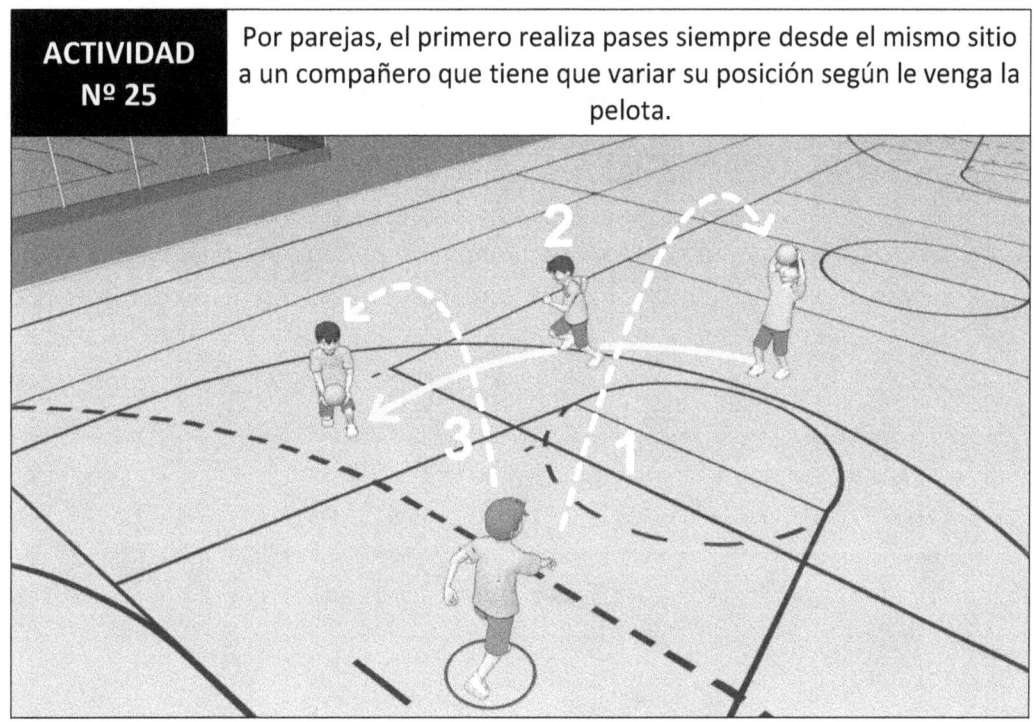

| ACTIVIDAD Nº 26 | Por parejas, el primero golpea la pelota con los pies contra una pared, y su compañero intenta atraparla lo antes posible. |

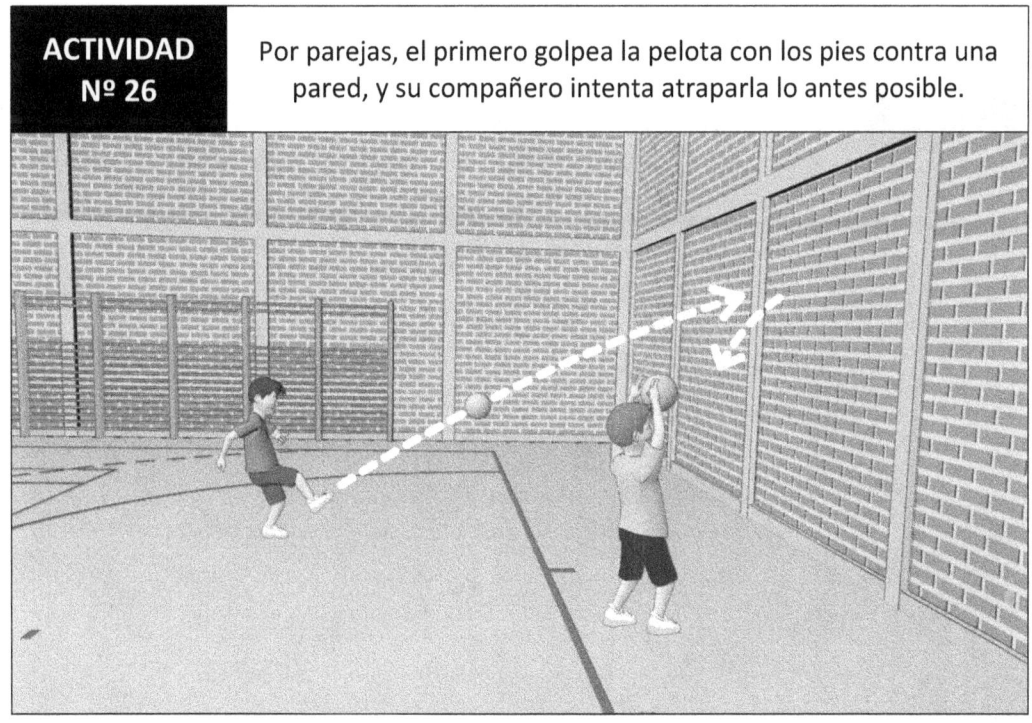

| ACTIVIDAD Nº 27 | Tras colocar varios objetos por todo el espacio de trabajo, seguir las indicaciones del profesor colocándonos en ellos utilizándolos como puntos de referencia (el que esta más lejos, más cerca, menos lejos de…). |

| ACTIVIDAD Nº 28 | Individualmente, utilizar nuestros pasos para medir distancias entre objetos, comprobando cuáles están más alejados o más cerca de un punto que tenemos de referencia. |

ACTIVIDAD Nº 29

Utilizando una caja repleta de material y tres puntos de referencia, colocar todos los objetos en éstos según haya indicado el profesor (tres pelotas rojas y una gris cerca del cono amarillo, una pelota roja cerca del gris...).

ACTIVIDAD Nº 30

Igual que el ejercicio anterior, pero ahora tenemos que recoger todo el material siguiendo las indicaciones del profesor (primero las pelotas grises del cono amarillo, después...).

| ACTIVIDAD Nº 31 | Tras colocar varios conos en el suelo a diferentes distancias, un alumno le indica a oto cual tiene que tocar (el azul más alejado...). |

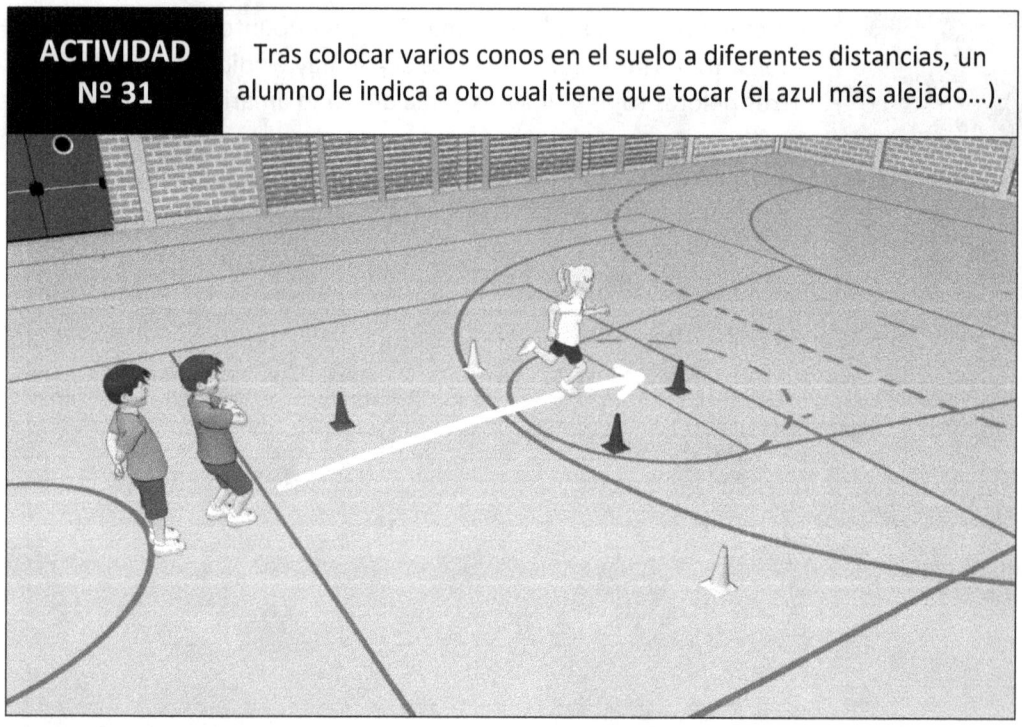

| ACTIVIDAD Nº 32 | En grupos, utilizando varios objetos como punto de referencia, el primero realizan un recorrido y sus compañeros tienen que copiarlo. |

ACTIVIDAD Nº 33

Por parejas, uno de ellos con los ojos vendados y guiado por su compañero, recorren un espacio que tiene forma geométrica. El alumno que lleva los ojos tapados intenta adivinar qué figura es.

ACTIVIDAD Nº 34

Por parejas, colocarnos respecto a nuestro compañero según indique el profesor.

| ACTIVIDAD Nº 35 | Por parejas, el primero con los ojos vendados, recorre un circuito sin chocarse con los obstáculos guiado por su compañero. |

| ACTIVIDAD Nº 36 | En gran grupo, todos con los ojos vendados andar por el espacio de trabajo pisando fuerte para que nos escuche el resto de compañeros y así no chocar. |

| ACTIVIDAD Nº 37 | Igual que el ejercicio anterior, pero ahora nos desplazamos de puntillas sin hacer ruidos. |

| ACTIVIDAD Nº 38 | Por parejas, uno de ellos de espalda a su compañero, intenta adivinar hacia dónde se está moviendo reconociendo la dirección del ruido. |

| ACTIVIDAD Nº 39 | Igual que el ejercicio anterior, pero ahora el compañero que esta de espalda dibuja en un papel el movimiento que cree estar haciendo su compañero. |

| ACTIVIDAD Nº 40 | Por parejas, el primer jugador realiza una acción y su compañero lo imita. Después cambio de roles. |

| ACTIVIDAD Nº 41 | Divididos en dos grupos, jugar al balón tiro (este juego también es conocido como el "matar" o el "rey de la pista"). |

| ACTIVIDAD Nº 42 | Individualmente con un aro, lanzarlo a diferentes distancias y atraparlo antes que caiga al suelo sin movernos de nuestro sitio. |

| ACTIVIDAD Nº 43 | Individualmente con un aro, hacerlo rodar con la mano mientras nos desplazamos por todo el espacio de trabajo. |

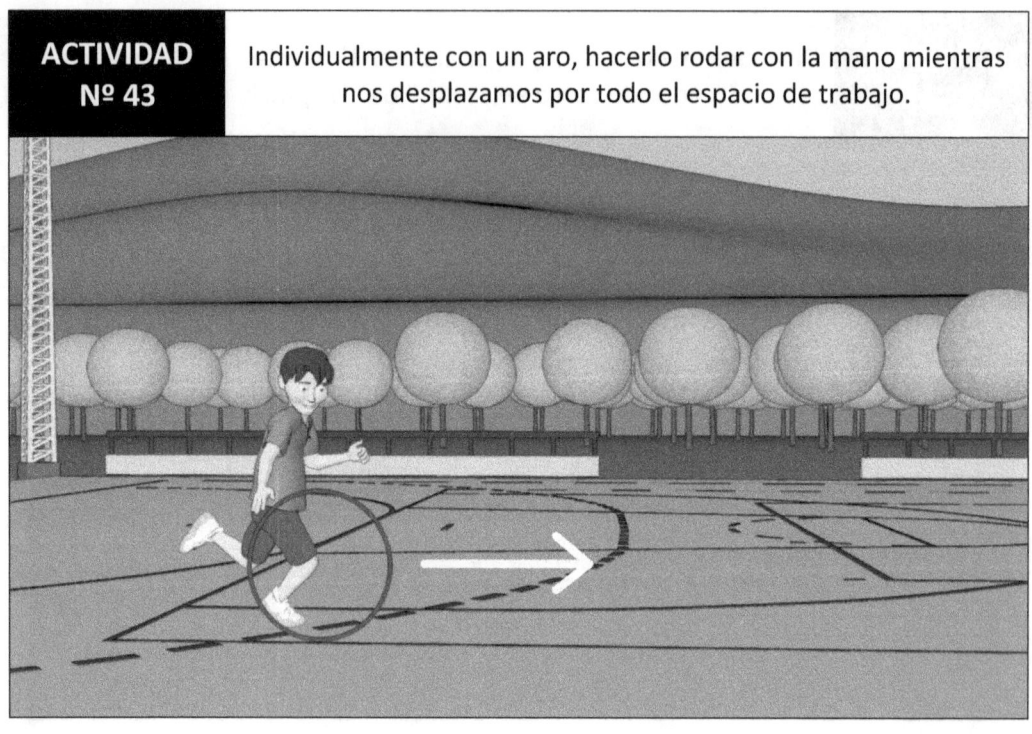

| ACTIVIDAD Nº 44 | Individualmente con un aro, lanzarlo hacia delante, correr, y cogerlo antes que caiga al suelo. |

ACTIVIDAD Nº 45 — Igual que el ejercicio anterior, pero antes de atraparlo hay que salta sobre él en cualquier dirección.

ACTIVIDAD Nº 46 — Por parejas, jugar a "tú la llevas", golpeando a nuestro compañero con una pelota en la parte del cuerpo que ha indicado el profesor.

| ACTIVIDAD Nº 47 | Por parejas, un alumno lanza la pelota contra una pared y el otro la atrapa cuando lo indique su compañero (sin dejarla botar, cuando ha dado dos botes...). |

| ACTIVIDAD Nº 48 | Igual que en el ejercicio anterior, pero ahora modificamos la distancia y el modo de realizar los lanzamientos. |

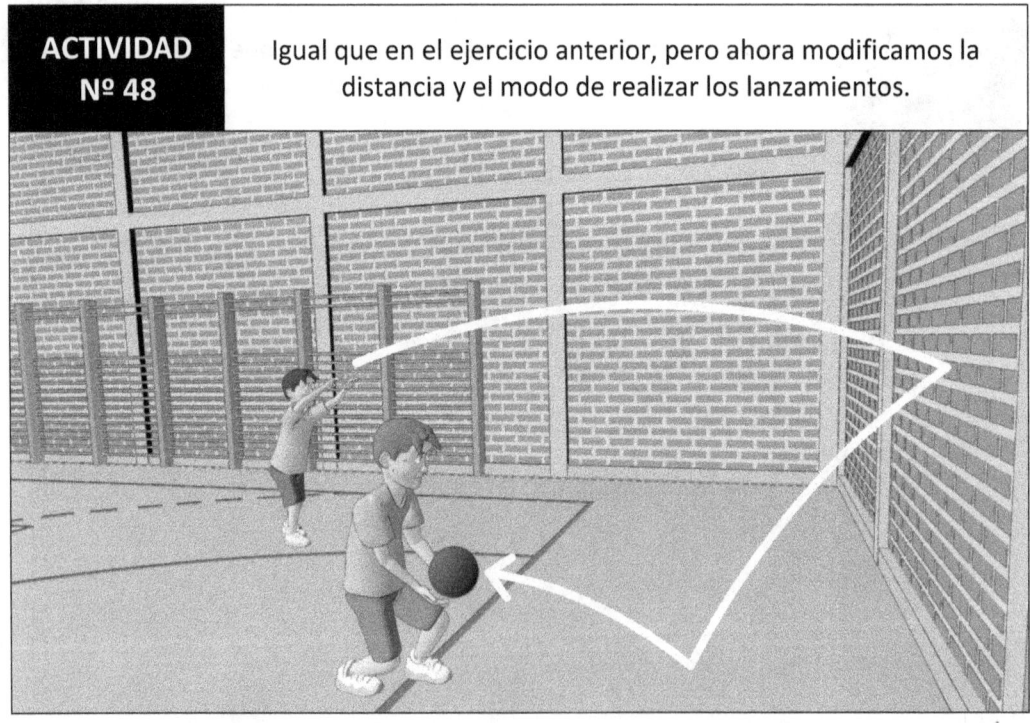

| ACTIVIDAD Nº 49 | Por parejas, lanzarle la pelota a un compañero y éste la esquiva. |

| ACTIVIDAD Nº 50 | Por parejas con una pelota, pasarse a un compañero a diferentes distancias sin que caiga al suelo. Cada vez que lo consigamos nos alejamos un poco más. |

ACTIVIDAD Nº 51	Chocar con las palmas de las manos en el suelo inventando secuencias de percusión.

ACTIVIDAD Nº 52	Interpretar entre todos una canción conocida tras haberla escuchado un par de veces.

| ACTIVIDAD Nº 53 | Escuchando una canción, intentar marca el ritmo con palmas. |

| ACTIVIDAD Nº 54 | Escuchando una canción y ayudado por el ritmo que marca un compañero con la percusión, desplazarse por el espacio de trabajo corriendo en ese mismo ritmo. |

| ACTIVIDAD Nº 55 | Igual que el ejercicio anterior, pero ahora el profesor interrumpe la música y la continua cuando le parezca. |

| ACTIVIDAD Nº 56 | Desplazarse a diferentes velocidades por el espacio de trabajo dando gritos largos, cortos, intermitente... |

| ACTIVIDAD Nº 57 | Caminar o correr por un recorrido midiéndolo con nuestros pasos o con tiempo mentalmente. Después volver a realizarlo con los ojos vendados. |

| ACTIVIDAD Nº 58 | En un primer momento el profesor hace que los alumnos corran durante un determinado tiempo indicándoles el principio y el final. A continuación los alumnos tienen que correr durante el mismo tiempo tras oír la señal de inicio y paran cuando crean se ha cumplido el tiempo. El que más se acerque al tiempo gana. |

| ACTIVIDAD Nº 59 | Moverse al ritmo de una música que se vuelve más rápida y más lenta. |

| ACTIVIDAD Nº 60 | Tras indicar el profesor una acción (animal, deporte...) realizarlo a diferentes velocidades. |

ACTIVIDAD Nº 61 — Por parejas, el primero de espalda a su compañero, adivinar la velocidad a la que se desplaza éste sin mirar.

ACTIVIDAD Nº 62 — Correr por el espacio de trabajo siguiendo el ritmo de la música.

| ACTIVIDAD Nº 63 | Igual que el ejercicio anterior, pero esta vez lo hacemos andando o trotando. |

| ACTIVIDAD Nº 64 | Igual que los ejercicios anteriores, pero ahora lo hacemos abriendo piernas y brazos a un lado. |

ACTIVIDAD Nº 65 — Igual que los ejercicios anteriores, pero ahora dando saltos.

ACTIVIDAD Nº 66 — En grupos, unos alumnos tras otro sentarse en el suelo a modo de tren y desplazarse según indique el profesor (rojo → lento, azul → rápido...).

| ACTIVIDAD Nº 67 | Situados en grupos, cada uno con un globo, el primero lo mantiene en el aire golpeándolo 10 veces y lo deja en el suelo para que así comience el grupo contrario. |

| ACTIVIDAD Nº 68 | En grupo, cada alumno con un número mantener un globo en el aire golpeándolo siguiendo el orden. |

ACTIVIDAD Nº 69

Tras haber elegido una música que tenga un compás de dos por cuatro, desplazarse dando saltos llevando el ritmo.

ACTIVIDAD Nº 70

En una música que tenga un compás de dos por cuatro, dar una palmada o realizar un movimiento en cada acento.

| ACTIVIDAD Nº 71 | Por parejas, tras haber acordado un mismo circuito, un jugador lo recorre a cámara rápida y otro a cámara lenta. |

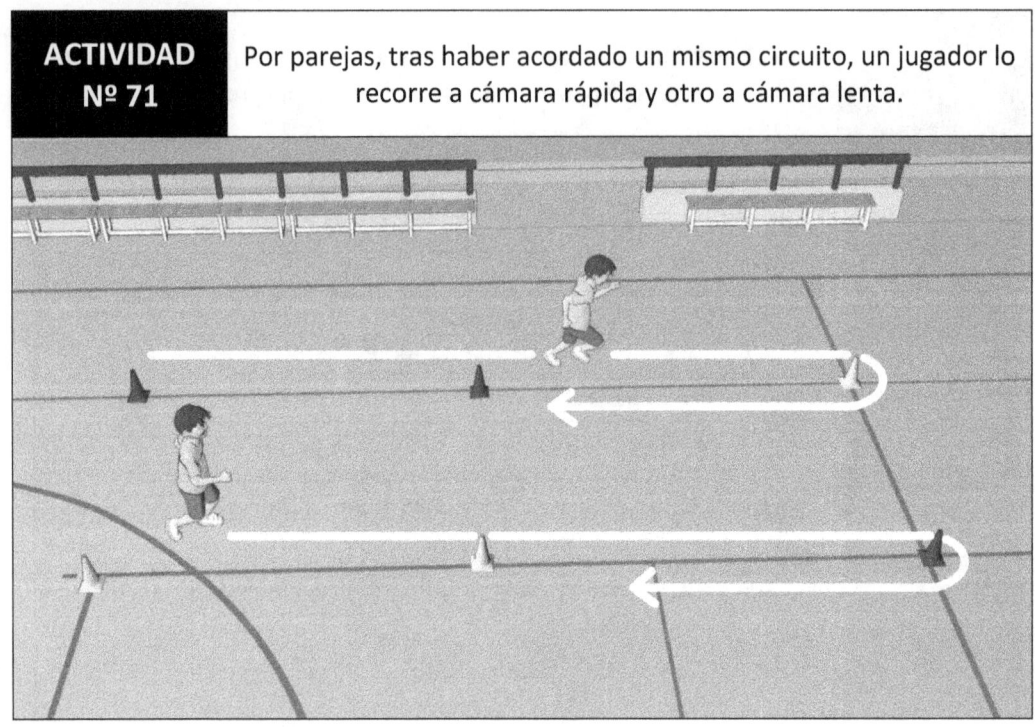

| ACTIVIDAD Nº 72 | Por parejas, un alumno intenta recorrer un circuito lo antes posible mientras su compañero le interrumpe. |

| ACTIVIDAD Nº 73 | Utilizando nuestros pasos para medir o contando mentalmente, comprobar cuánto tardamos en recorrer un espacio si vamos corriendo. |

| ACTIVIDAD Nº 74 | Igual que el ejercicio anterior, pero ahora comprobamos cuánto tardamos si llevamos a nuestro compañero a caballito. |

ACTIVIDAD Nº 75

Igual que los ejercicios anteriores, pero ahora comprobamos cuánto tardamos arrastrando a un compañero.

ACTIVIDAD Nº 76

Igual que los ejercicios anteriores, pero ahora comprobamos cuánto tardamos empujando un compañero.

| ACTIVIDAD Nº 77 | Por parejas, el primero se desplaza a una velocidad acordada (por ejemplo: trotando) y el otro a máxima velocidad. Tomar conciencia del tiempo empleado por cada uno. |

| ACTIVIDAD Nº 78 | Tras haber acordado una secuencia de movimientos, el primero los realiza en un tiempo y el compañero el doble de rápido de modo que, cuando el primero haya terminado, su compañero lo haya hecho dos veces. |

| ACTIVIDAD Nº 79 | Por parejas, correr a la misma velocidad pero en sentidos compuestos. |

| ACTIVIDAD Nº 80 | Tras haber visto la velocidad a la que corre un compañero, transformar esa cadencia a un movimiento de brazos (palmada, subir-bajar...). |

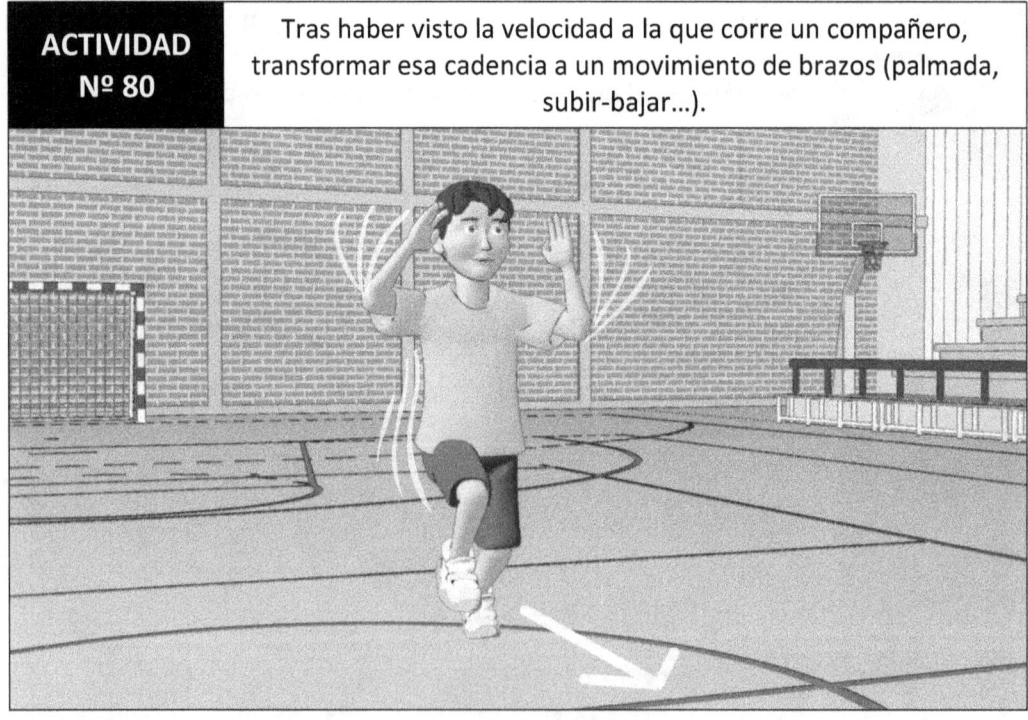

| ACTIVIDAD Nº 81 | Por parejas, cada uno con un balón, desplazarse a la misma velocidad botando también a la vez. |

| ACTIVIDAD Nº 82 | Tras ver cómo bota un balón un compañero, transformar esa cadencia a un movimiento de saltos. |

| ACTIVIDAD Nº 83 | Por parejas, el primero realiza una secuencia de movimientos mientras su compañero marca el ritmo con las palmas. |

| ACTIVIDAD Nº 84 | Individualmente, realizar carreras a diferentes velocidades para después imitar el ritmo de los latidos de nuestro corazón dando palmadas. |

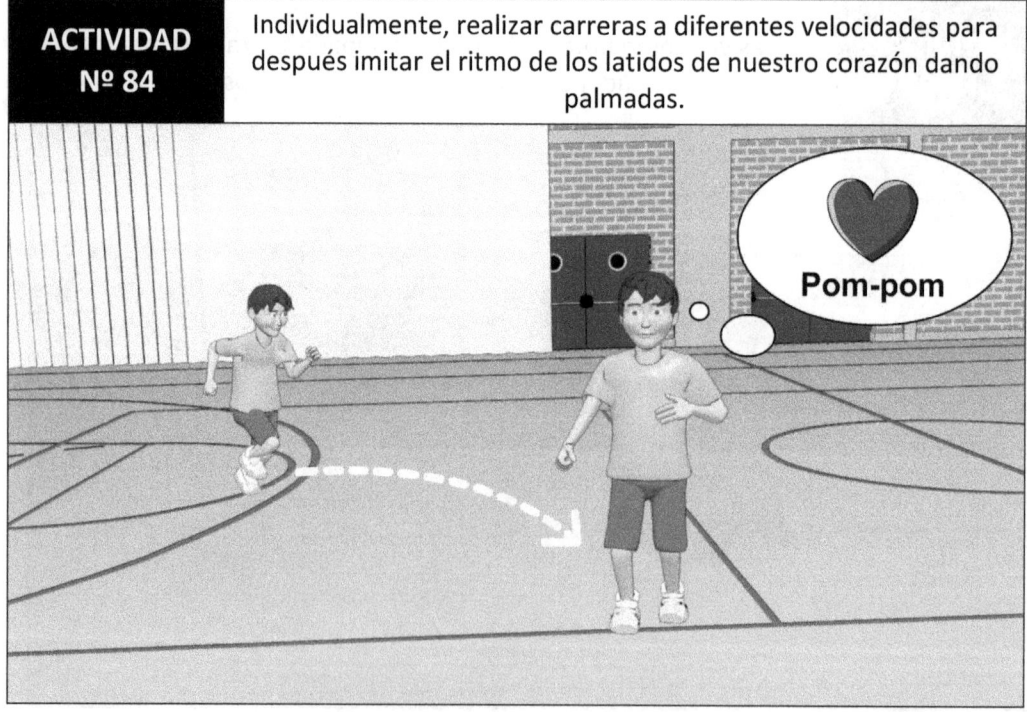

| ACTIVIDAD Nº 85 | Estableciendo un tiempo límite desplazarse saltando a la cuerda. ¿Quién llega más lejos? |

| ACTIVIDAD Nº 86 | Saltar la cuerda de forma continuada intentando que cada giro tenga un duración determinada. |

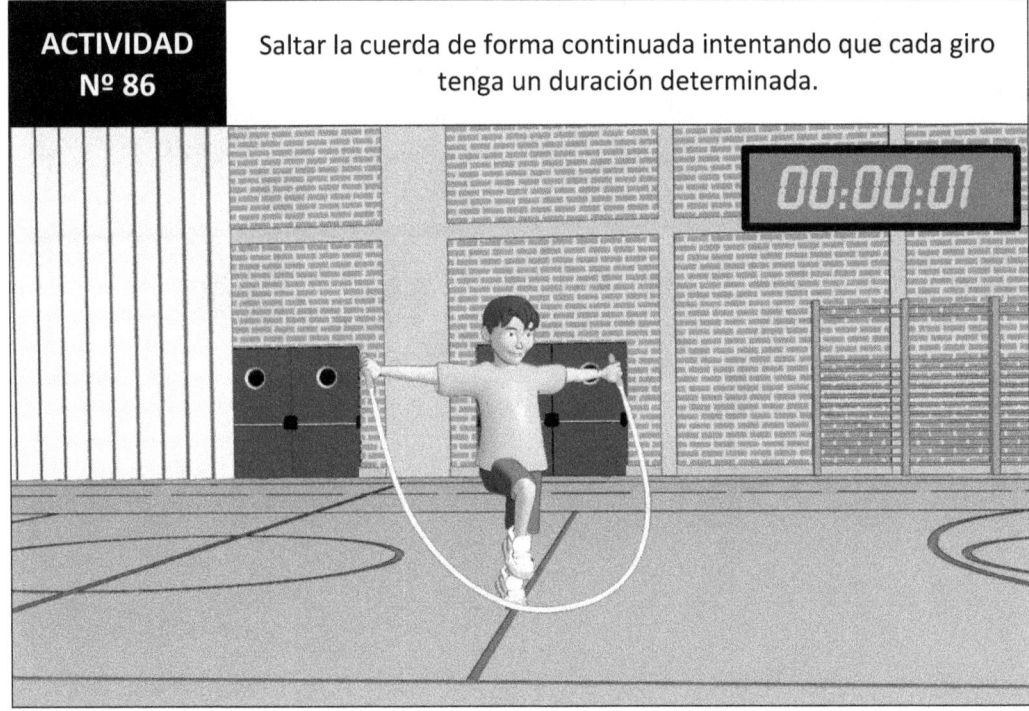

| ACTIVIDAD Nº 87 | Tras escuchar los latidos de nuestro corazón, desplazarse por el espacio de trabajo imitando su ritmo. |

| ACTIVIDAD Nº 88 | Por parejas, el primero marca verbalmente el ritmo de los latidos de su corazón, y su compañera después los imita dando golpes en el suelo. |

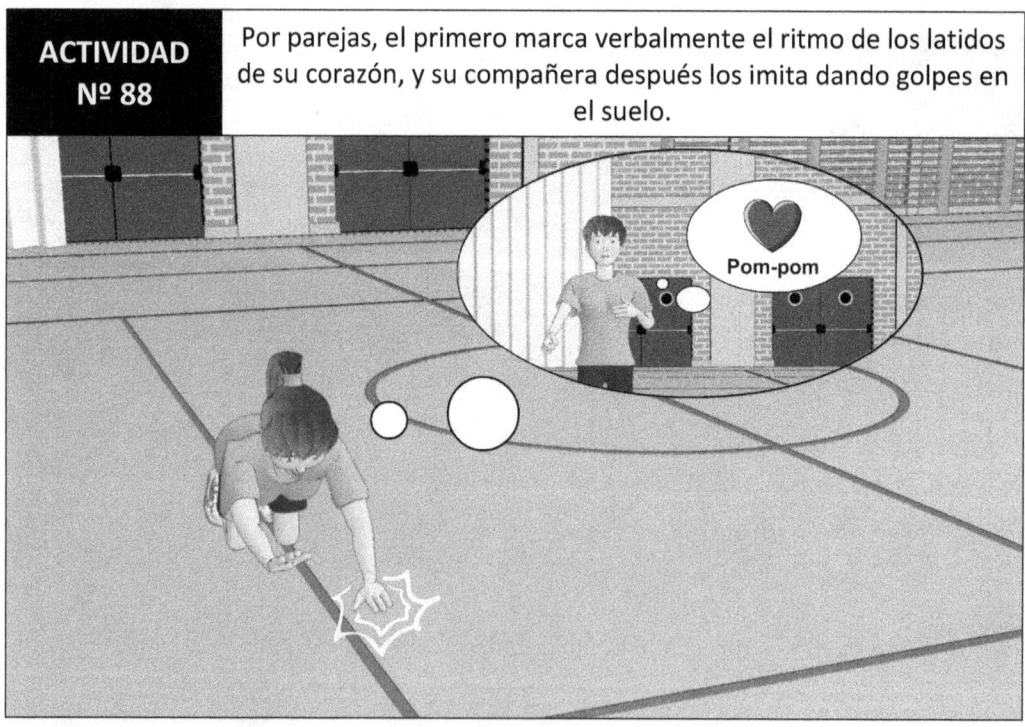

| ACTIVIDAD Nº 89 | Escuchando una música que tenga un compás cuatro por cuatro, cambiarse con un compañero o a un aro libre al comienzo de cada compás. |

| ACTIVIDAD Nº 90 | Delante de una fila de aros y escuchando una música con compás de cuatro por cuatro, dar cuatro botes (cuatro tiempos) en cada aro y pasar al siguiente aro en el inicio del siguiente compás. |

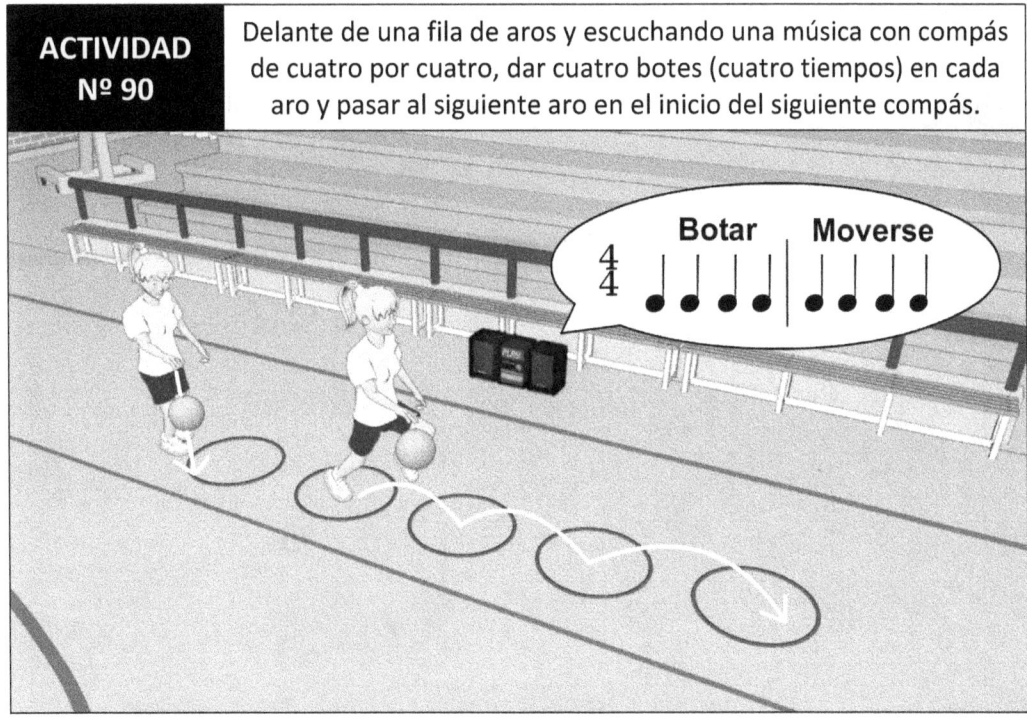

| ACTIVIDAD Nº 91 | Desplazarse por encima de una fila de aros pisando con un pie en cada uno de ellos. |

| ACTIVIDAD Nº 92 | Desplazarse por encima de una fila de aros pisando en cada uno de ellos tantas veces como se correspondan con su número de orden (primero → un salto, segundo → dos saltos…) |

| ACTIVIDAD Nº 93 | Por parejas, el primero se desplaza siempre a la misma velocidad por encima de una fila de aros y su compañero imita el ritmo dando pisotones. |

| ACTIVIDAD Nº 94 | En gran grupo, desplazarse por espacio de trabajo sorteando todos los obstáculos mientras un compañero marca el ritmo con una pandereta. Si éste para de tocar nos sentamos en un obstáculo. |

| ACTIVIDAD Nº 95 | En gran grupo, un compañero toca una secuencia en una pandereta y, a continuación, el resto de compañeros intenta recordarla sentándose en un banco cuando crean que hubiese terminado. |

| ACTIVIDAD Nº 96 | Desplazarse o saltar por el espacio de trabajo mientras las luces estén encendidas, parando en la posición que nos encontremos cuando se apaguen. |

ACTIVIDAD Nº 97

Individualmente, sobre el sitio, observamos el tiempo que tarda una luz en apagarse desde la señal del profesor, y decimos qué número de saltos podríamos dar en ese tiempo. A continuación comenzamos a saltar y comprobamos si era correcto.

ACTIVIDAD Nº 98

Tras escuchar un fragmento de una canción o una secuencia de percusiones, desplazarse sorteando los obstáculos y sentándonos cuando creamos que hubiese terminado esa música.

ACTIVIDAD Nº 99

Por parejas, el primero completa un recorrido gateando, y su compañero intenta invertir el mismo tiempo en realizar el mismo recorrido pero de una forma diferente (corriendo, cangrejo...).

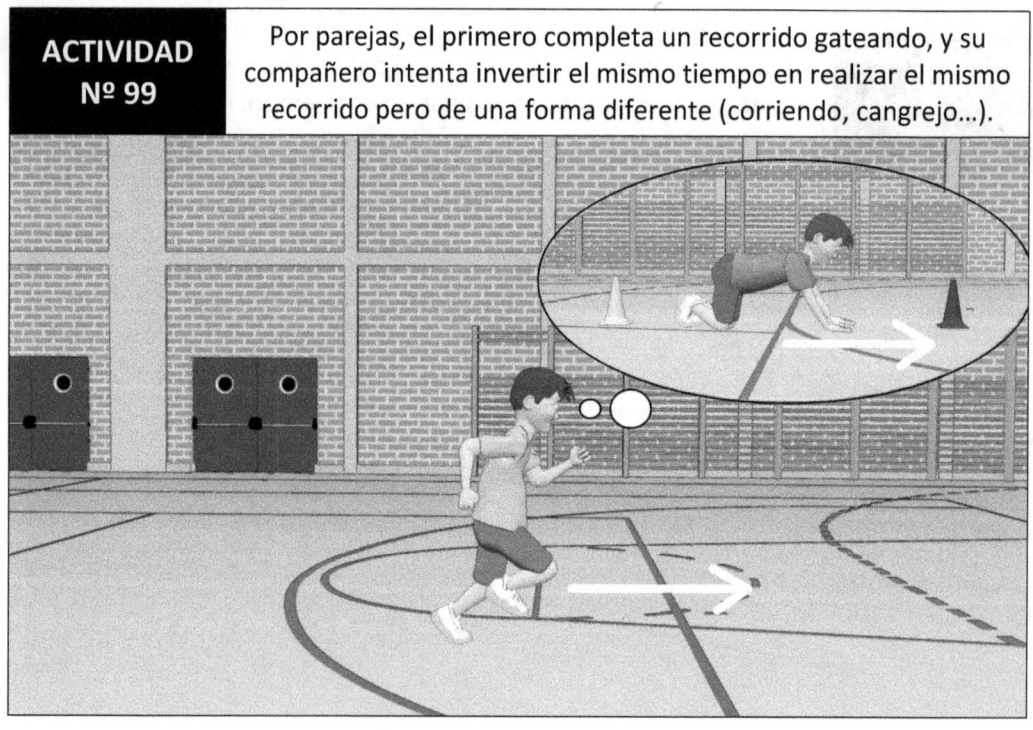

ACTIVIDAD Nº 100

Por parejas, el primero completa un circuito en un tiempo, y su compañero, a continuación, tiene que realizar un recorrido diferente pero en el mismo tiempo.

100 JUEGOS Y EJERCICIOS DE PERCEPCIÓN ESPACIAL Y TEMPORAL PARA NIÑOS DE 3 a 6 AÑOS

ACTIVIDAD Nº 1	Correr por espacio de trabajo sin chocar con el resto de alumnos y colándose la mano donde indique el profesor (detrás de la espalda, en la rodilla derecha, en la cabeza...).

ACTIVIDAD Nº 2	Jugar a "La peste". Todos los alumnos se colocan la mano en la nariz para no contagiarse. El que la queda tiene que coger a otro para salvarse de la peste.

| **ACTIVIDAD Nº 3** | Llevar el ritmo que marca el profesor en el suelo o sobre un objeto. |

| **ACTIVIDAD Nº 4** | Desplazarse por las líneas dibujadas en el terreno de juego de diferentes formas sin chocar con los compañeros. |

ACTIVIDAD Nº 5	Correr por el espacio de trabajo y, a la señal del profesor, saltar y tocar las palmas lo más alto posible.

ACTIVIDAD Nº 6	Partiendo todos los alumnos desde el mismo punto, ir a tocar el objeto que indica el profesor y de la forma de desplazamiento establecida (corriendo → pelota, gateando → aro…).

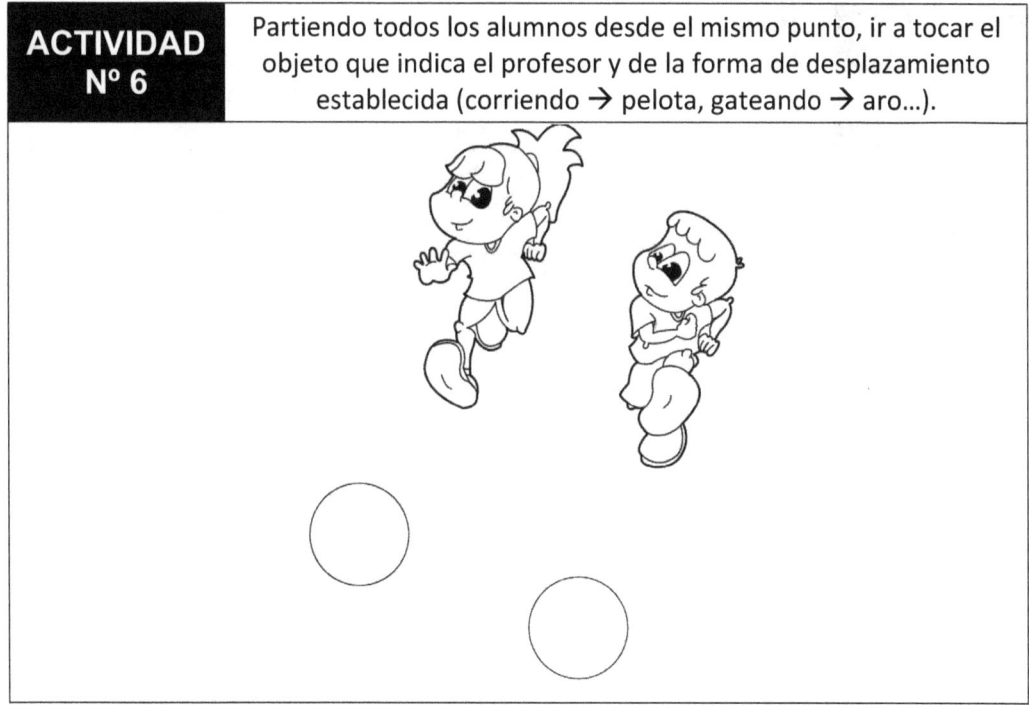

| ACTIVIDAD Nº 7 | Desplazarse para tocar un número determinado de objetos siguiendo la forma de desplazamiento elegida por el profesor (cangrejo → 4, a pies juntos → 3). |

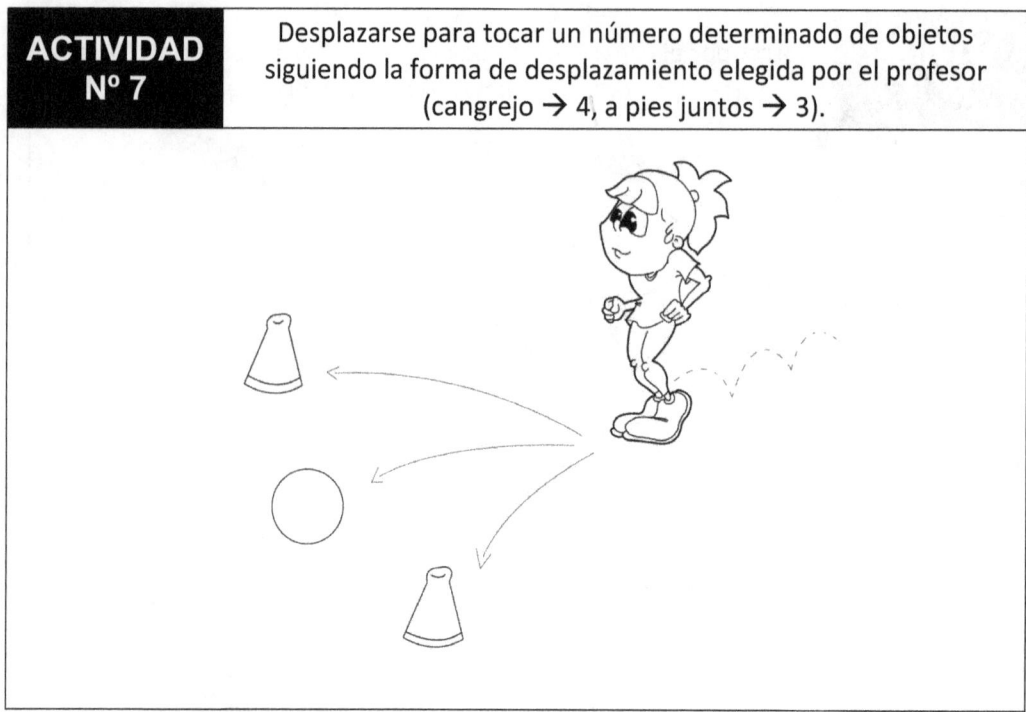

| ACTIVIDAD Nº 8 | Carrera de relevos en la que vamos a tocar el objeto que indica el profesor tomando como referencia otros objetos (el más cercano a la pared, el más alejado de la salida, el que está más a la derecha del aro...). |

| ACTIVIDAD Nº 9 | Con distintos materiales repartidos por el terreno de juego, correr por todo el espacio de trabajo cogiéndolos y lanzándolos a la altura que va indicando el profesor (por encima de la cabeza, por debajo de la cintura...). |

| ACTIVIDAD Nº 10 | En tríos o cuartetos, y con un objeto de referencia en el centro. Uno de los alumnos se desplaza hacia delante o hacia atrás y el resto debe situarse a la misma distancia del centro que lo ha hecho su compañero. |

ACTIVIDAD Nº 11	Correr y meterse en los aros que indica el profesor antes que el resto de compañeros (lo que están más: lejos, cerca, a la derecha, a la izquierda…).

ACTIVIDAD Nº 12	Desplazarse por el terreno de juego como los cangrejos sin chocar y a la velocidad que indica el profesor (lento, rápido, a los lados…).

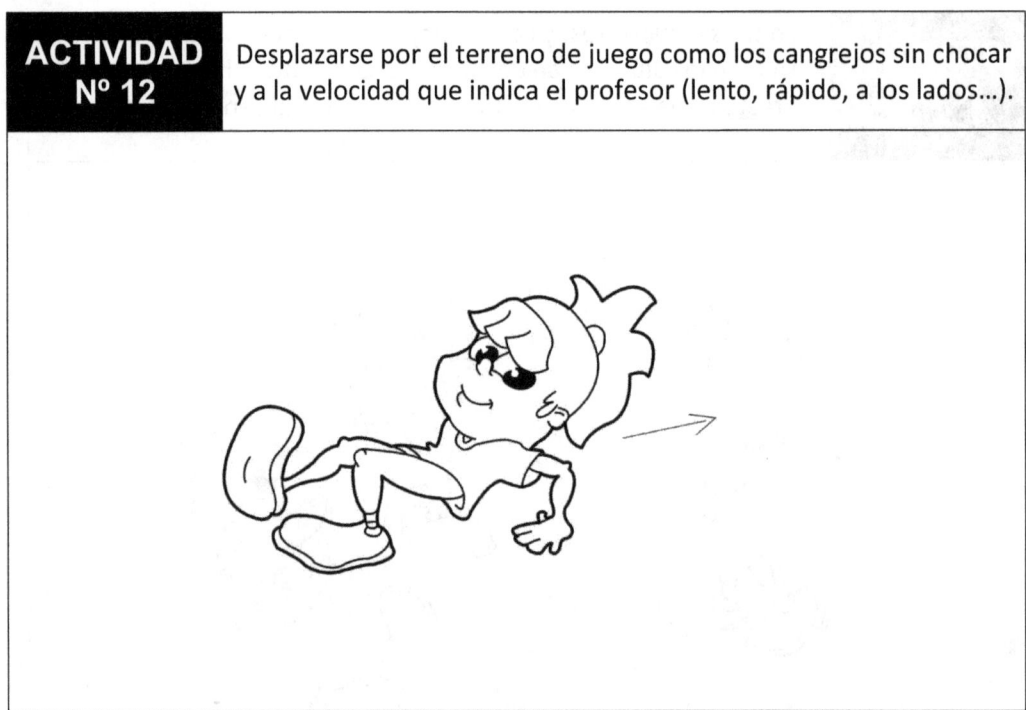

ACTIVIDAD Nº 13	Por parejas, a la señal del profesor los dos se colocan a cuadrupedia y el primero se sitúa en una posición fija que el otro debe copiar.

ACTIVIDAD Nº 14	Correr por encima de una fila de cuerdas extendidas en el suelo dando un número determinado de pasos entre ellas.

| ACTIVIDAD N° 15 | Desplazarse utilizando un número de apoyos determinado por el profesor (3, 4, 5...) hasta el lado contrario de una fila de cuerdas sin tocarlas. |

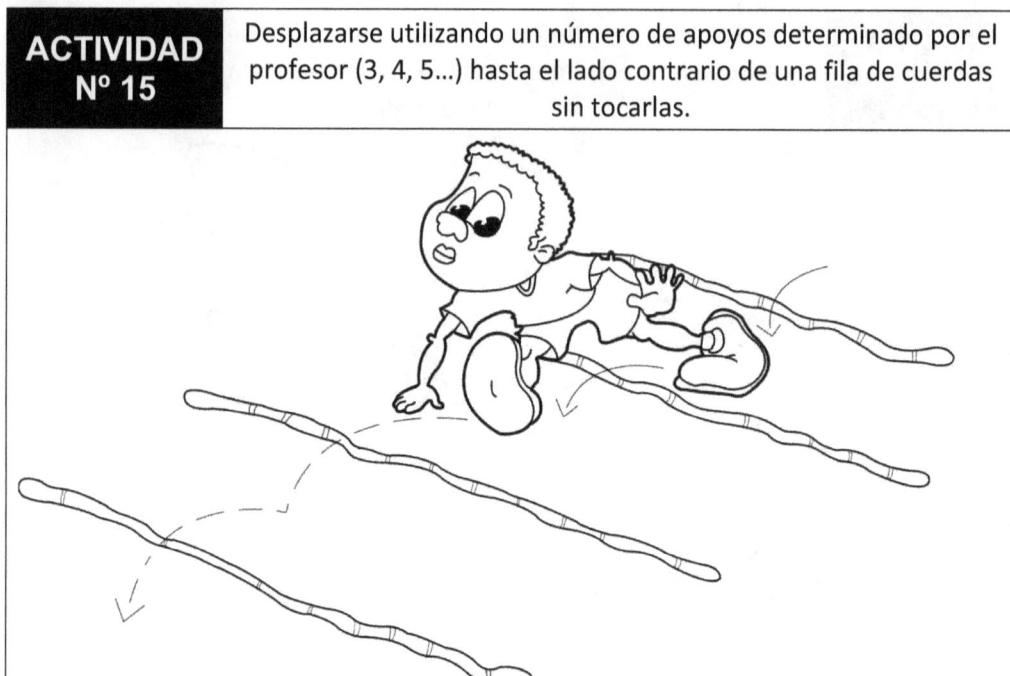

| ACTIVIDAD N° 16 | Sortear una fila de cuerdas extendidas en el suelo corriendo entre ellas en zigzag. |

ACTIVIDAD Nº 17	Todos los alumnos situados junto a algún objeto. A continuación el profesor indica la forma en que hay que desplazarse y a qué distancia del mismo (corriendo – mucho, a cuadrupedia – mucho...).

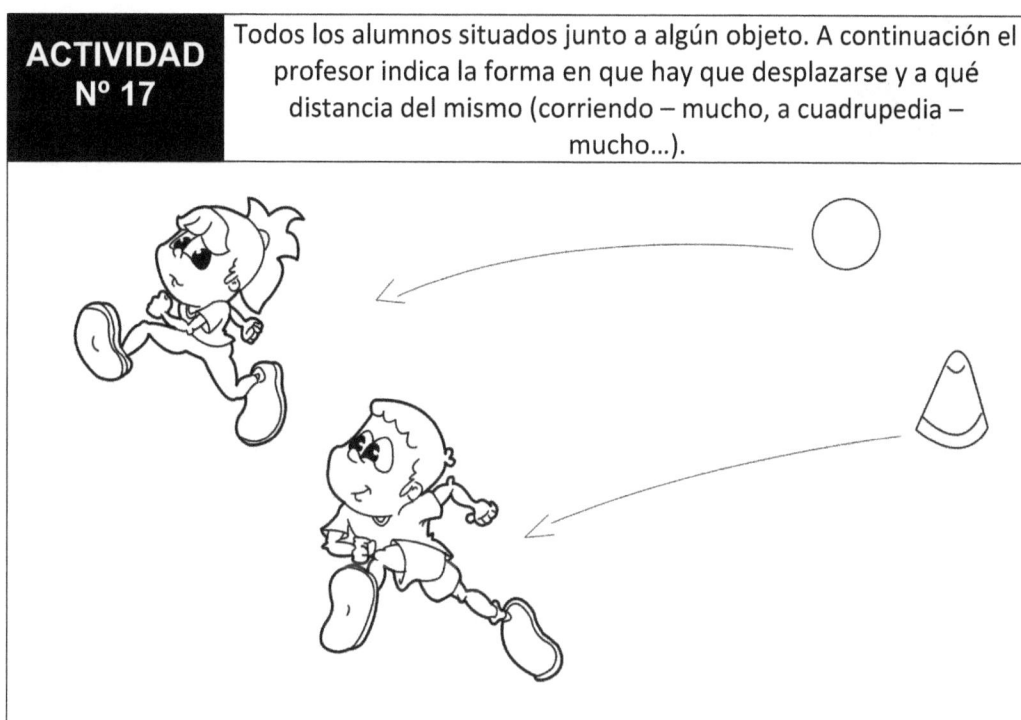

ACTIVIDAD Nº 18	Partiendo desde el mismo punto, correr hasta el objeto que indica el profesor teniendo como referencia la cercanía o lejanía de la línea de salida (hasta el balón más lejano, la venda más cercana...).

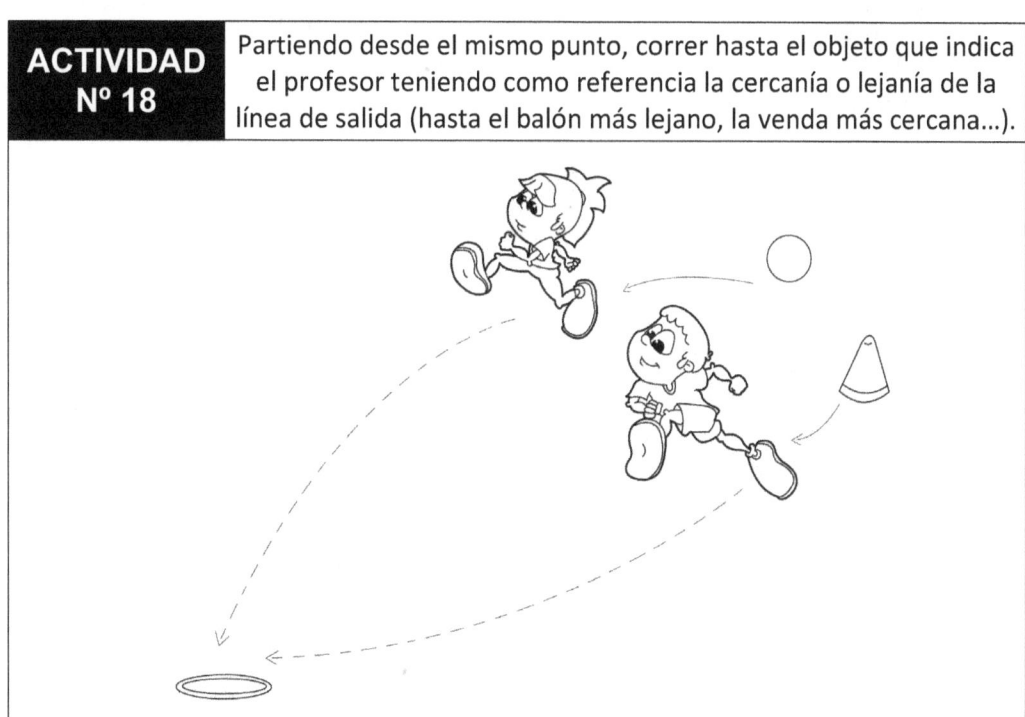

| ACTIVIDAD N° 19 | Por parejas, elegir un objeto que tengamos como referencia y lanzar una pelota de forma rodada para hacer diana desde diferentes distancias. |

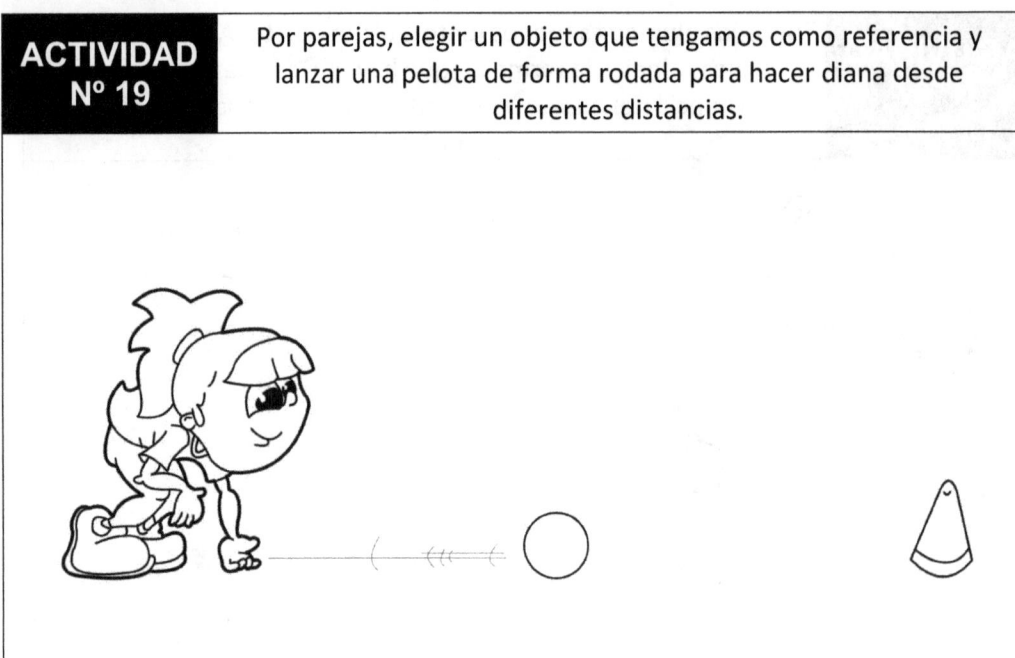

| ACTIVIDAD N° 20 | Igual que el ejercicio anterior, pero ahora elegimos un objeto para hacer diana con una pelota de tenis desde diferentes distancias. |

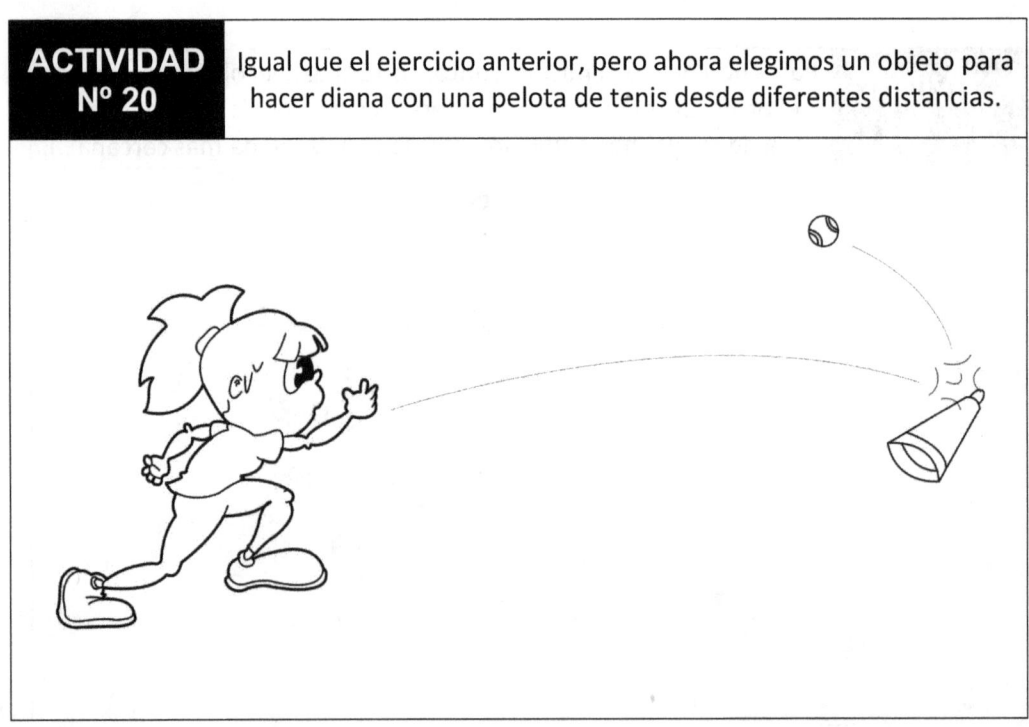

| ACTIVIDAD Nº 21 | Por parejas, cada uno con una pelota de tenis. Uno de ellos indica que va a tocar un objeto a una determinada altura y el otro debe lanzar hacia la altura contraria (bajo → alto, alto → bajo). |

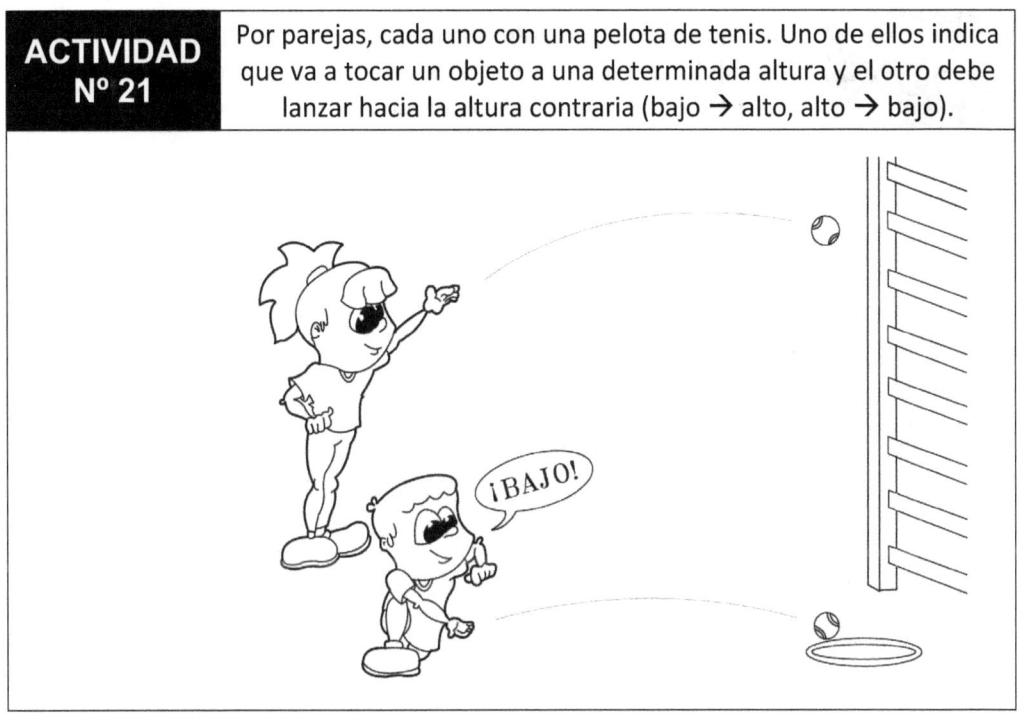

| ACTIVIDAD Nº 22 | Todos los alumnos repartidos por el terreno de juego se desplazan andando hasta un objeto siguiendo las indicaciones del profesor (el que esté más cerca, el que esté más lejos...). |

ACTIVIDAD Nº 23	Igual que el ejercicio anterior, pero ahora habrá que tocar todos los objetos que nos encontremos por orden (de más cercanos a más lejanos, de más a la derecha a más a la izquierda...).

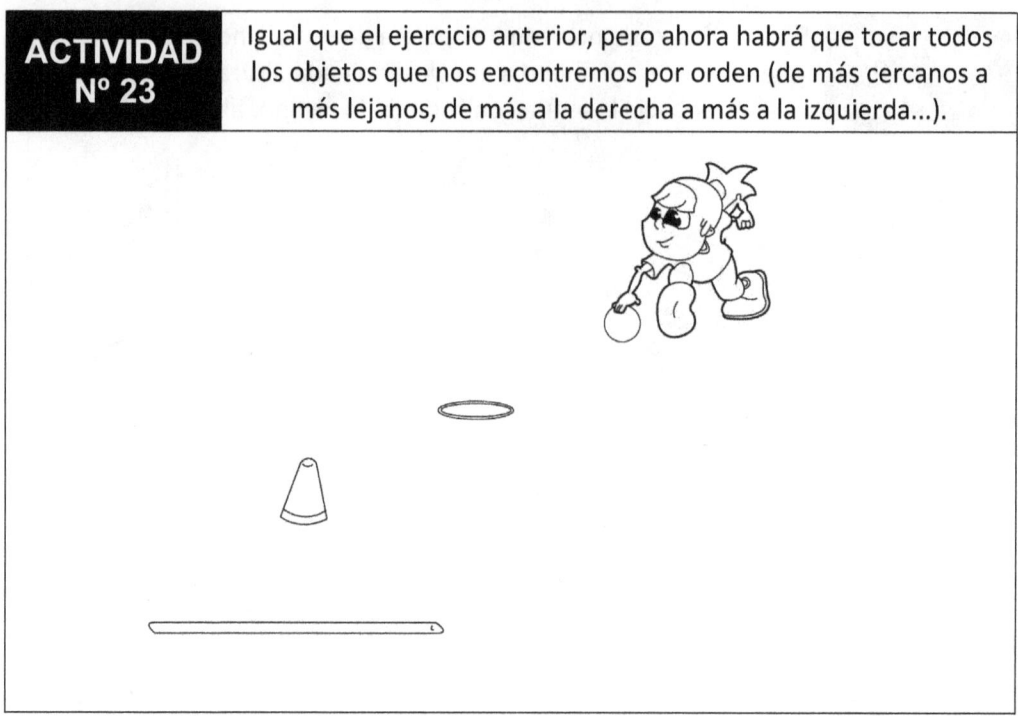

ACTIVIDAD Nº 24	Por grupos, decidir entre todos hacia qué objetos se dirigen y de qué forma.

| ACTIVIDAD Nº 25 | Correr libremente por el espacio de trabajo y pensar una forma de desplazarse (pero no llevarla a cabo) y, a la señal del profesor, llegar hasta él lo antes posible trasladándose de la forma pensada. |

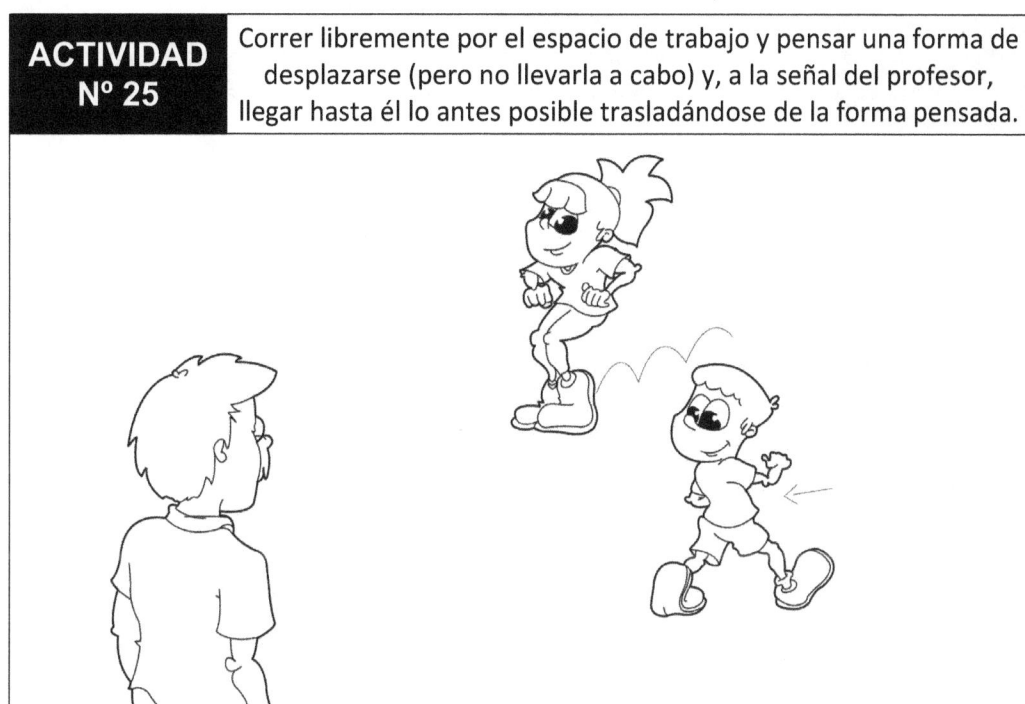

| ACTIVIDAD Nº 26 | En grupos, acordar un tipo de desplazamiento y una velocidad. A la señal del profesor cada uno se desplaza hasta el cono que tiene en frente y vuelve al lugar de partida haciendo lo acordado. |

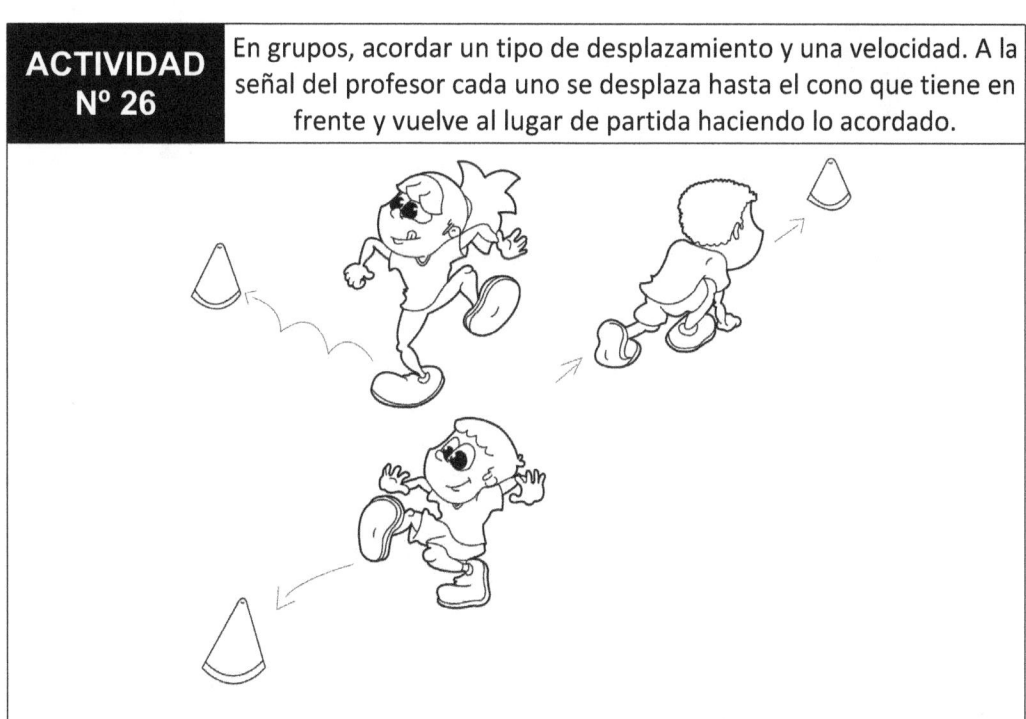

ACTIVIDAD Nº 27 — Con una pelota de goma, realizar lanzamientos contra una pared desde lo más lejos posible sin que bote antes.

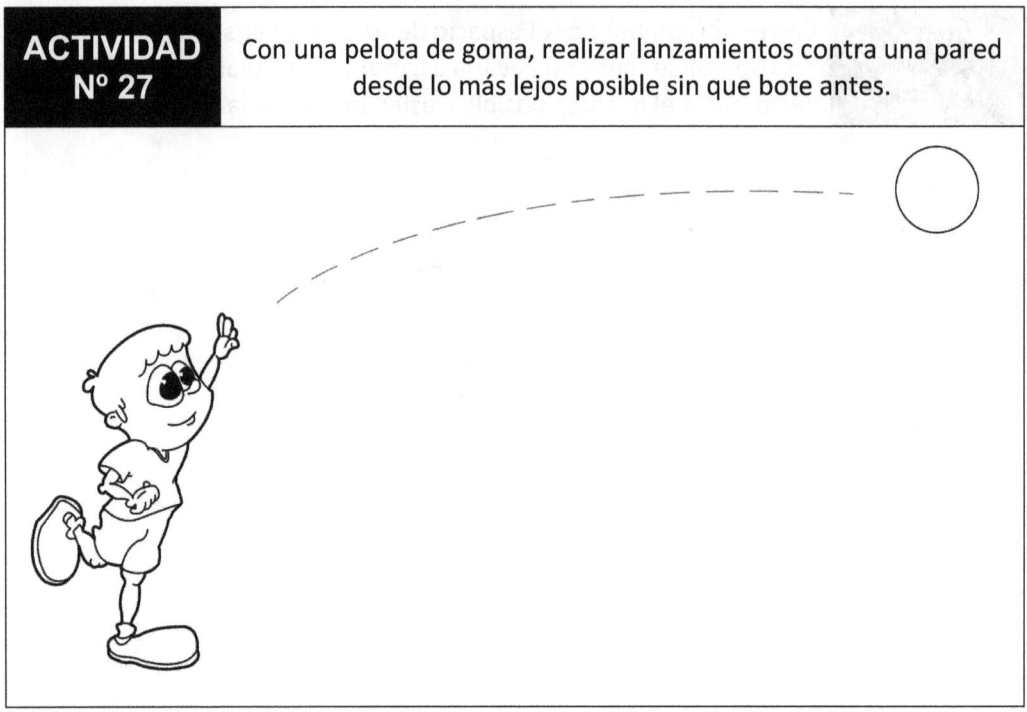

ACTIVIDAD Nº 28 — Botar una pelota intentando que llegue lo más alto posible, lo más lejos, lo más cerca de nosotros...

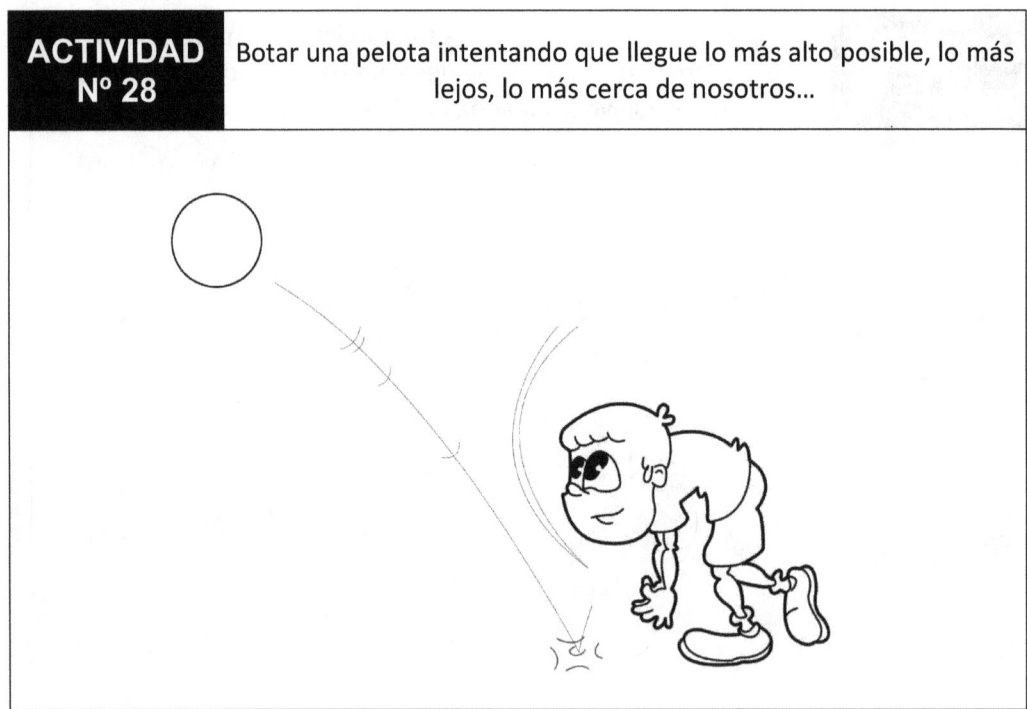

ACTIVIDAD N° 29	A la señal del profesor, lanzar la pelota de tenis hacia el objeto que nos han indicado.

ACTIVIDAD N° 30	Por parejas, hacer luchas desde diferentes posiciones (cuadrupedia, sentados...) para desequilibrar al contrario.

| **ACTIVIDAD Nº 31** | A la señal del profesor, moverse por el espacio de trabajo imitando el animal que indique: perro, jirafa, elefante, caballo, serpiente… |

| **ACTIVIDAD Nº 32** | El profesor se desplaza por el terreno de juego de diferentes formas (cuadrupedia, saltando, de puntillas…) y a diferentes velocidades, e indica a sus alumnos si tienen que ir delante o detrás de él. |

| ACTIVIDAD Nº 33 | Desplazarse como los canguros, saltando una fila de conos o balones de diferentes alturas. |

| ACTIVIDAD Nº 34 | Con música o utilizando un par de palos de madera para llevar el ritmo. Los alumnos deben estar completamente quietos al principio, e irán moviendo las partes del cuerpo que indique el profesor al ritmo marcado (cabeza, hombros, brazo derecho...), de modo que al final terminen bailando con todo el cuerpo en movimiento. |

| ACTIVIDAD Nº 35 | Por parejas, intentar pillar a nuestro compañero sin pisar sobre las colchonetas que están situadas en el suelo. |

| ACTIVIDAD Nº 36 | Por grupos, desplazarse en la dirección que nos marca uno de nuestros compañeros (está prohibido hablar). |

| ACTIVIDAD Nº 37 | Desplazarse por el terreno de juego imitando gestos de diferentes deportes (natación, tenis, fútbol, hockey...). |

| ACTIVIDAD Nº 38 | Todos los alumnos en grupos de tres. A la señal del profesor se tienen que desplazar hacia otra fila de aros siguiendo sus indicaciones (a pies juntos, a gatas, de lado, como los trenes...). |

| ACTIVIDAD Nº 39 | Desplazarse desde un obstáculo a otro con los ojos vendados intentando ir lo más recto posible. |

| ACTIVIDAD Nº 40 | Por equipos, el primero se desplaza de una forma tocando todos los conos y los siguientes tienen que repetir el mismo recorrido con la misma manera de desplazarse. |

ACTIVIDAD Nº 41

Por parejas, medir las distancias que hay hasta un punto acordado eligiendo las formas de desplazamiento.

ACTIVIDAD Nº 42

Igual que el ejercicio anterior, pero ahora tenemos que recorrer la distancia de la forma que nos indica el profesor y en un número determinado de pasos.

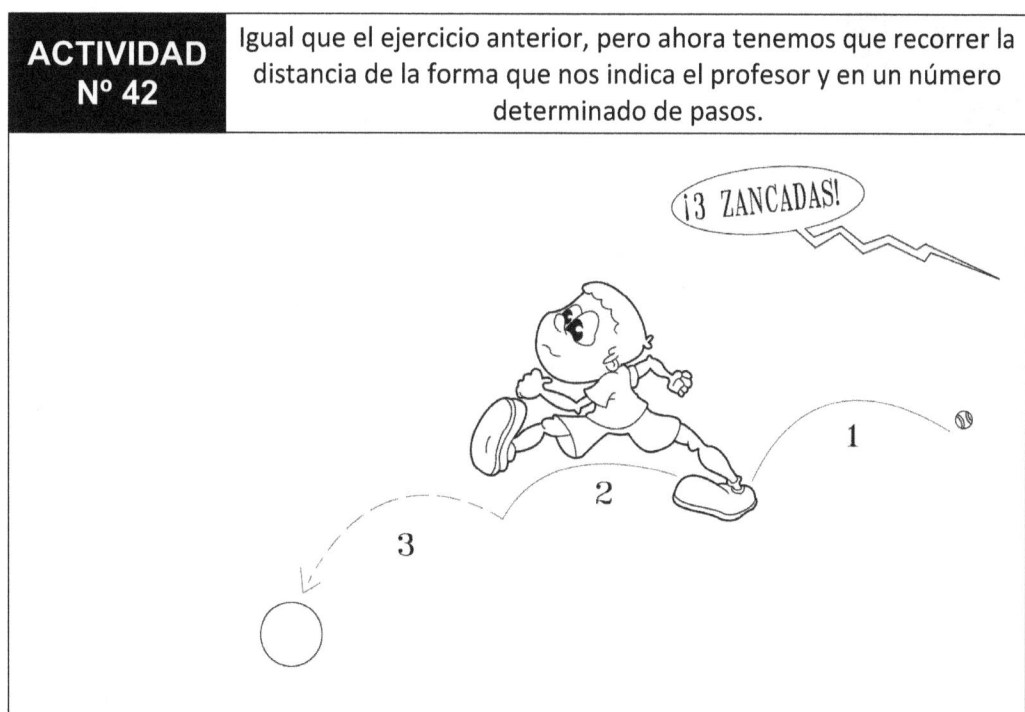

| **ACTIVIDAD Nº 43** | Correr por el terreno de juego intentando pasar de obstáculo a obstáculo dando el menor número de pasos posibles en el suelo. |

| **ACTIVIDAD Nº 44** | Hacer una carrera de relevos en las que hay que saltar de colchoneta a colchoneta sin tocar el suelo. |

| **ACTIVIDAD N° 45** | Llevar el ritmo golpeando el suelo con una pica imitando el que lleva el profesor. |

| **ACTIVIDAD N° 46** | En grupos de tres o de cuatro alumnos, cogerse de las manos haciendo un círculo y saltar todos a la vez intentando llevar el mismo ritmo. |

ACTIVIDAD N° 47	Imitar el ritmo que marca el profesor con los pies.

ACTIVIDAD N° 48	En grupos de tres o cuatro, cada uno con un balón de baloncesto, desplazarse hasta el lado contrario del terreno de juego intentando botar al mismo ritmo.

| ACTIVIDAD Nº 49 | Por parejas, cada uno con un balón, imitar la posición del compañero como si estuviésemos delante de un espejo. |

| ACTIVIDAD Nº 50 | Por parejas, con un balón. El alumno que no lleva balón se debe colocar en el lado contrario a donde esté situado este (delante → detrás, izquierda → derecha…). |

| ACTIVIDAD Nº 51 | Desplazarse de cono a cono inventando diferentes formas de desplazamientos. |

| ACTIVIDAD Nº 52 | Saliendo desde un cono, tocar otro en frente de la manera y del color que indica el profesor. |

| ACTIVIDAD Nº 53 | Tocar dentro de los aros repartidos por el terreno de juego siguiendo las indicaciones de desplazamiento del profesor (trotando, andando a cámara lenta, a cámara rápida, saltando, a pies juntos...). |

| ACTIVIDAD Nº 54 | Cada alumno metido en un aro, se cambia con otro moviéndose de la forma y en el momento que indica el profesor (una palmada → dando saltos, dos palmadas → a pata coja). |

| **ACTIVIDAD Nº 55** | Desplazarse libremente por el terreno de juego sin tocar dentro de los aros y sin chocar con el resto de compañeros. |

| **ACTIVIDAD Nº 56** | Cruzar corriendo una fila de aros separados a diferentes distancias. |

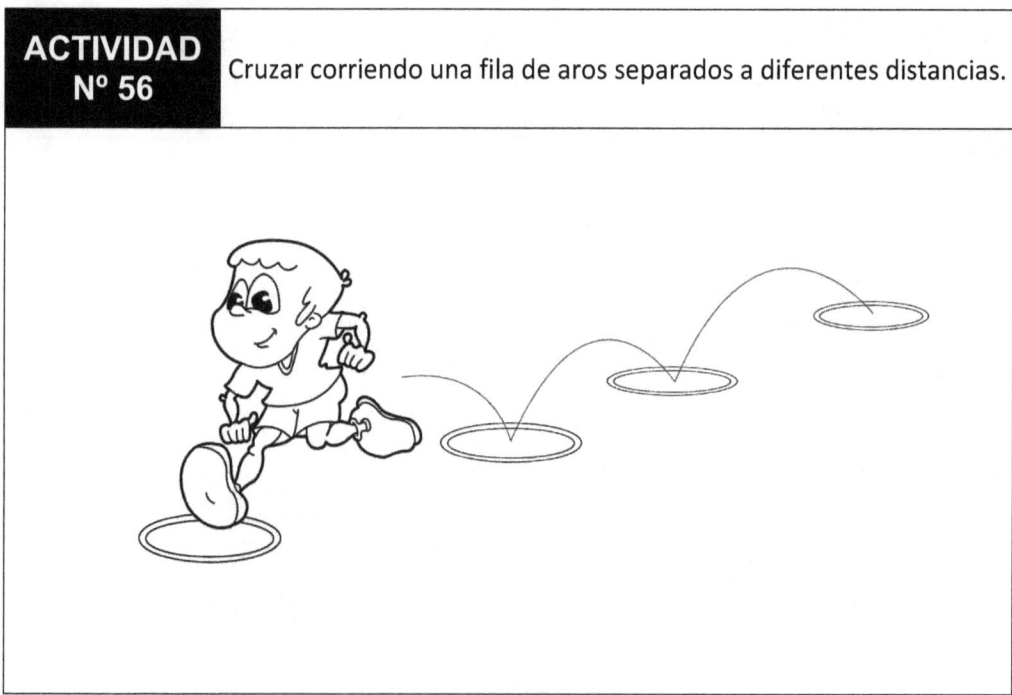

| ACTIVIDAD Nº 57 | Igual que el ejercicio anterior, pero ahora colocamos dos filas iguales y los alumnos tienen que cruzar por parejas. |

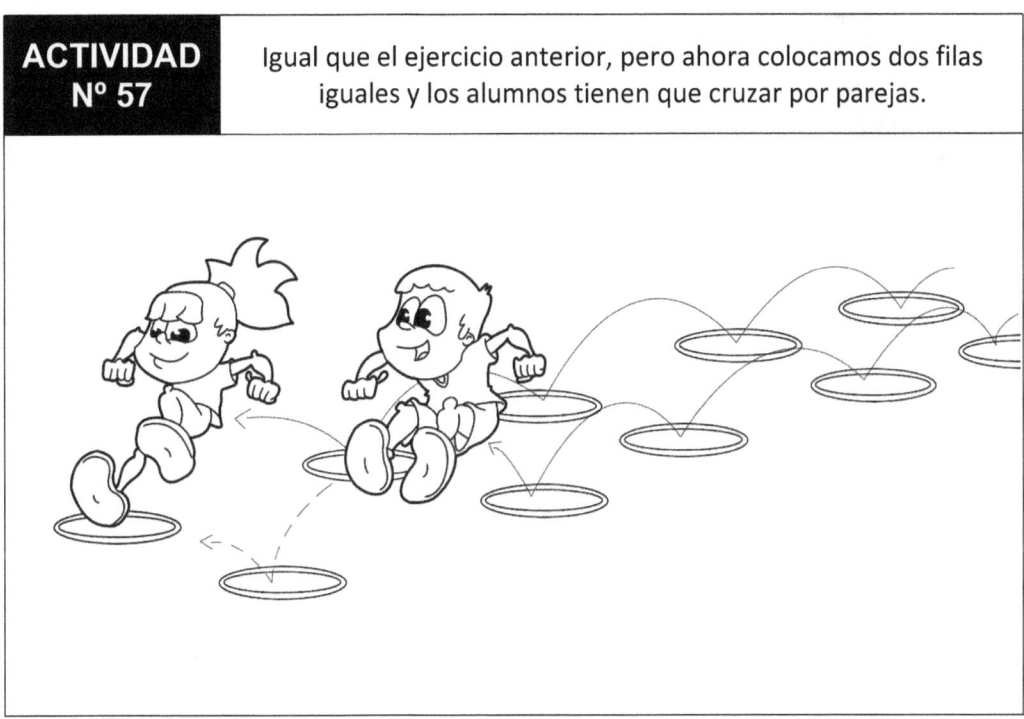

| ACTIVIDAD Nº 58 | Por parejas, el primero realiza un recorrido entre los aros y el otro tiene que fijarse e imitarlo. |

ACTIVIDAD Nº 59	Tras colocar una fila de aros (4 o 5), un alumno pasa andando sobre ellos y hace un gesto diferente en cada uno. A continuación el resto tiene que imitar cada gesto dentro del aro correspondiente.

ACTIVIDAD Nº 60	Situar una secuencia de aros (2-1-2-1-2-1). Los alumnos cruzarán al lado contrario pisando con los pies juntos donde haya un aro, y con las piernas abiertas donde haya dos.

ACTIVIDAD Nº 61

Todos los alumnos sentados en el centro. A la señal del profesor irán a tocar el primer objeto que tengan delante, detrás, a la izquierda, a la derecha... Ampliaremos la dificultad de este ejercicio cambiando la manera de desplazarse.

ACTIVIDAD Nº 62

A la señal del profesor todos los alumnos corren (hacia delante, hacia tras, cangrejo, cuadrupedia, etc.) a tocar el primer objeto que tengan delante y gritan su nombre.

| ACTIVIDAD Nº 63 | Todos los alumnos con una venda, para evitar que vean, escucharan en silencio las palmadas de uno de sus compañeros que se suben a un obstáculo y deberán llegar hasta él. |

| ACTIVIDAD Nº 64 | Seguir las indicaciones del profesor tocando los objetos que están a diferentes alturas o en relación a otros objetos. |

| ACTIVIDAD Nº 65 | Lanzar un globo al aire y contar cuánto tiempo tarda en caer. |

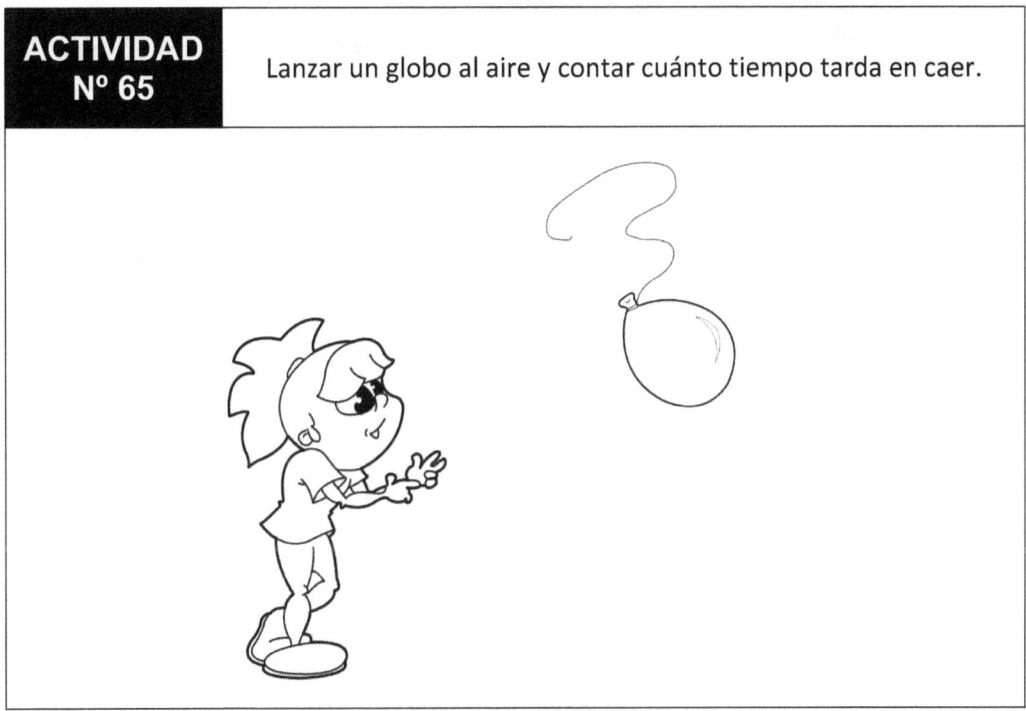

| ACTIVIDAD Nº 66 | Lanzar un globo al aire y pasar por debajo de él antes de que toque el suelo. |

| ACTIVIDAD N° 67 | Igual que el ejercicio anterior, pero esta vez lo intentamos saltar antes de que toque el suelo. |

| ACTIVIDAD N° 68 | Desplazarse por el espacio de trabajo golpeando un globo sin que caiga al suelo. |

| ACTIVIDAD Nº 69 | Por grupos de 5 o 6 alumnos haciendo un círculo agarrados de las manos, mantener un globo en el centro golpeándolo con los pies. |

| ACTIVIDAD Nº 70 | Igual que el ejercicio anterior, pero ahora los alumnos tienen que ir girando lentamente hacia un lado mientras mantienen el globo en el aire. |

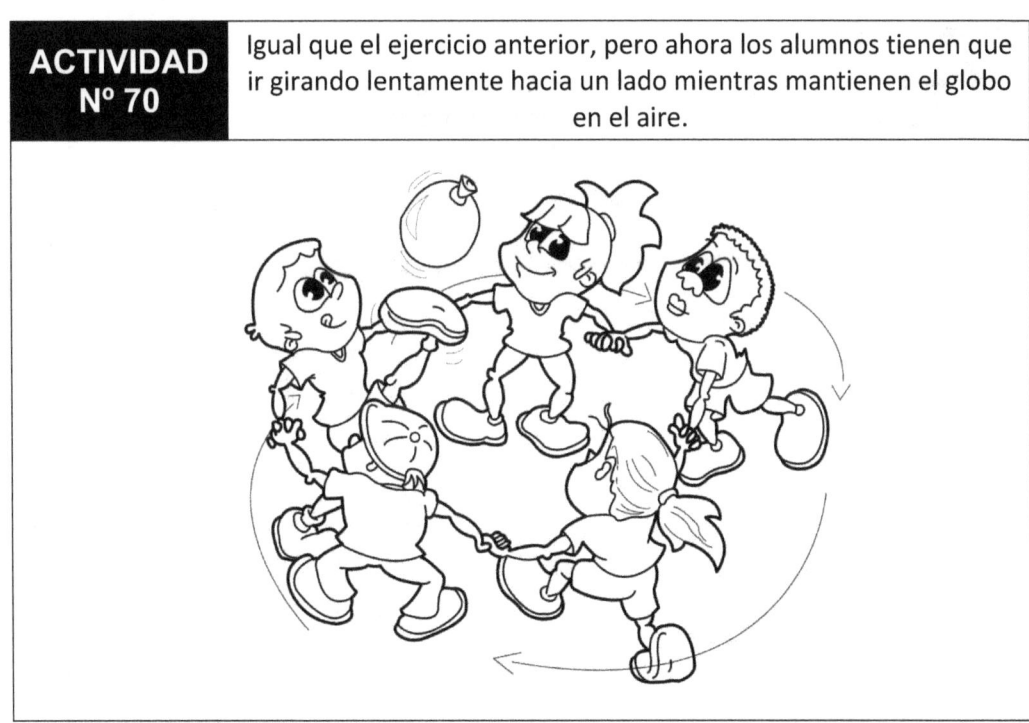

| ACTIVIDAD Nº 71 | Por parejas, con un globo, retar a un compañero a que lance un globo al aire, haga determinados gestos (saltar 5 veces, dar 4 vueltas, dar 10 palmadas...) y lo recoja antes de que toque el suelo. |

| ACTIVIDAD Nº 72 | Por parejas, cada uno con un globo, imitar al compañero que lo hace girar en diferentes sentidos (por un lado hacia delante, hacia atrás, por encima de la cabeza...) |

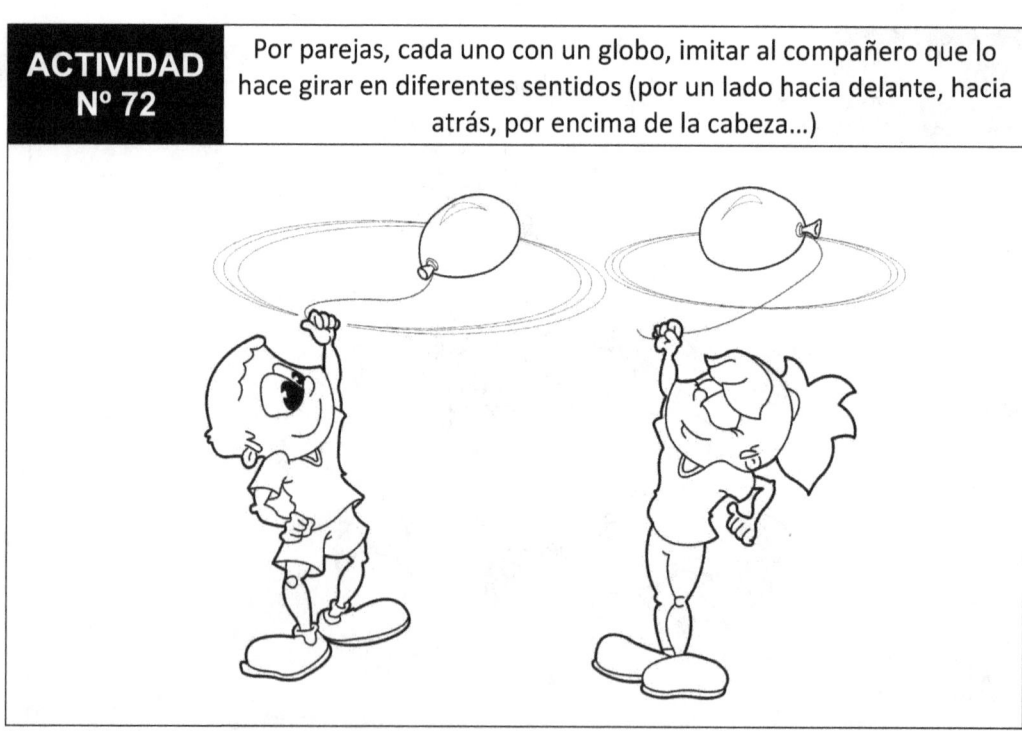

| ACTIVIDAD Nº 73 | En equipos y habiendo situado globos de colores (en igual número) por el terreno de juego. A la señal del profesor cada equipo trata de llevar los globos del color que se les ha asignado hacia su terreno (1 globo por cada viaje). |

| ACTIVIDAD Nº 74 | En gran grupo agarrados de las manos y con todos los globos situados en el suelo. Desde esta posición, desplazarse hacia delante golpeando todos los globos hasta el lado contrario de la pista. |

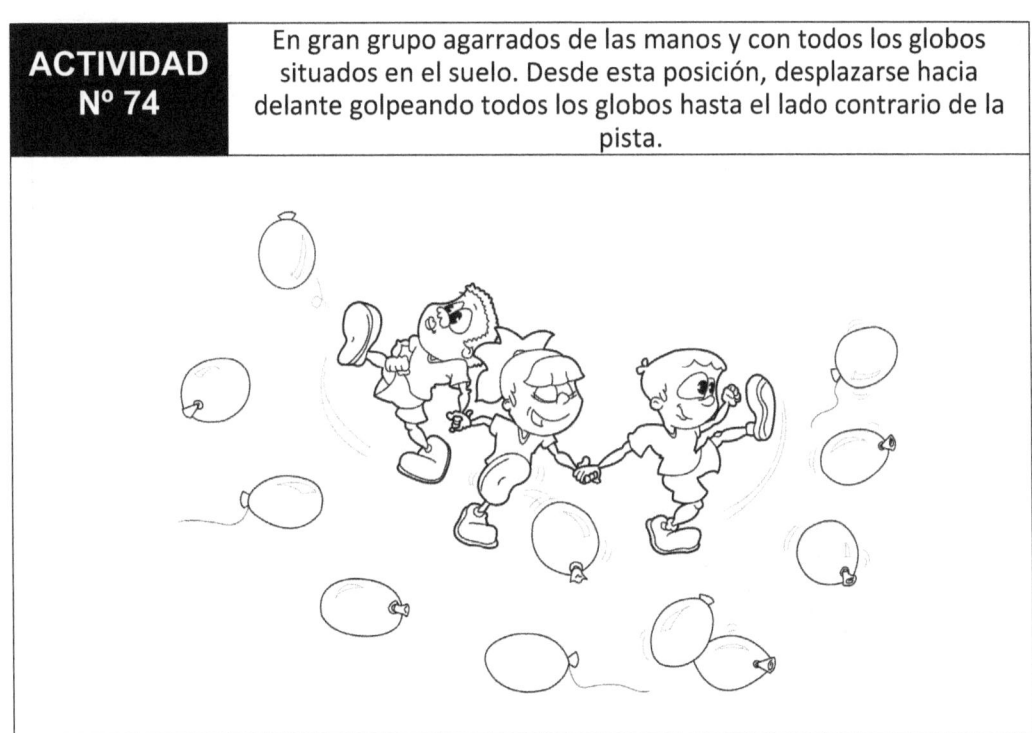

| ACTIVIDAD Nº 75 | El profesor indica un color y dónde deben colocarse los alumnos teniendo como referencia el objeto buscado (azul → delante, rojo → izquierda...). |

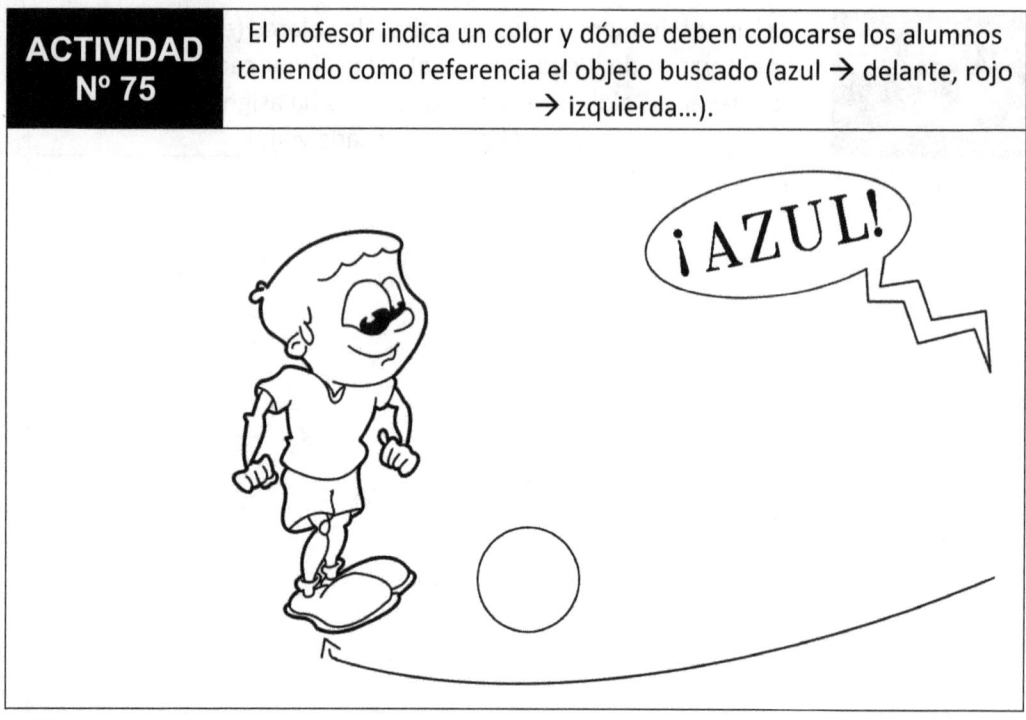

| ACTIVIDAD Nº 76 | A la señal del profesor, buscar un objeto sobre el que podamos: subirnos, meternos debajo, ponernos delante, situarnos detrás... |

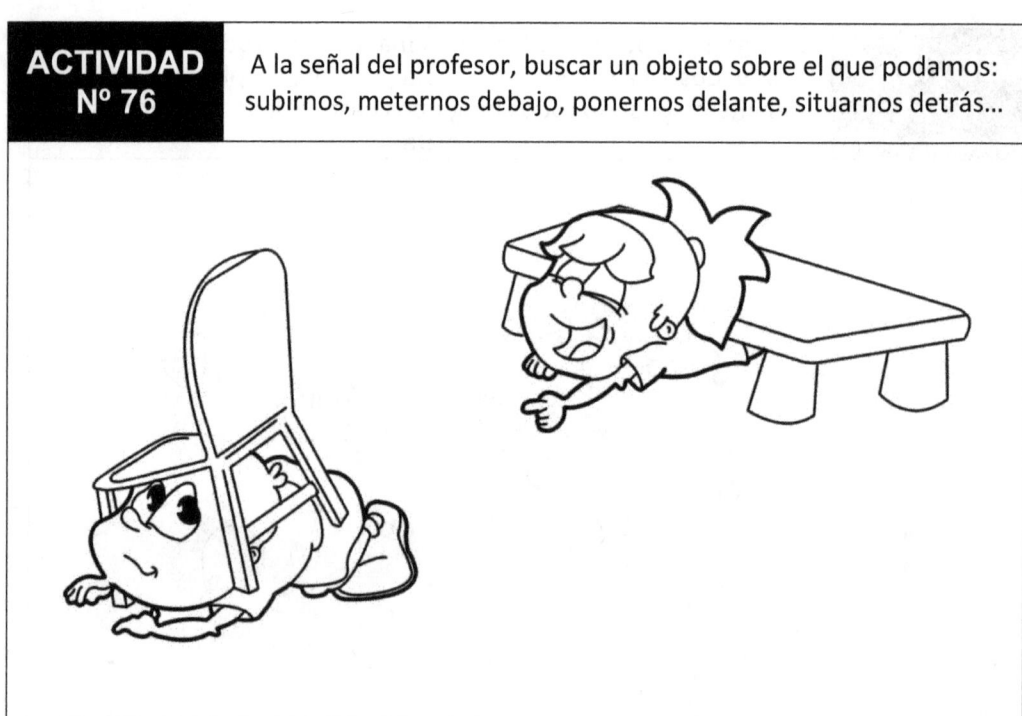

| ACTIVIDAD Nº 77 | Igual que el ejercicio anterior, pero ahora vamos modificando, además, la forma de desplazarse hasta el objeto (a pata coja, a pies juntos, de espaldas, en cuadrupedia, de lado…). |

| ACTIVIDAD Nº 78 | El profesor comienza a correr a diferentes velocidades y el resto de alumnos lo hace por delante intentando no ser pillados. |

| ACTIVIDAD N° 79 | Jugar a "Tú la llevas". Los alumnos pueden salvarse del que la queda si se suben a cualquiera de las colchonetas que están repartidas por el terreno de juego. |

| ACTIVIDAD N° 80 | Correr detrás de un compañero de forma diferente a como él lo hace, si no quedaremos eliminados. |

| ACTIVIDAD Nº 81 | Correr libremente por el espacio de trabajo y, a la señal del profesor, buscar una pareja y pasar entre sus piernas. |

| ACTIVIDAD Nº 82 | En gran grupo, desplazarse todos a la vez hacia donde indica el profesor en relación al polideportivo o pista deportiva donde se desarrolla la clase (al final de la pista, a la derecha, a la izquierda…). |

| ACTIVIDAD Nº 83 | Teniendo como referencia un colchoneta, situarse lo antes posible donde indique el profesor (delante, detrás, a la izquierda, a la derecha, debajo, encima...). |

| ACTIVIDAD Nº 84 | Desplazarse por encima de un banco sueco de la forma que indica el profesor (a gatas, de lado, de espaldas...). |

| **ACTIVIDAD Nº 85** | Por parejas, el primero, con una cuerda, la arrastra por el suelo e intenta que su compañero no se la quite pisándola. |

| **ACTIVIDAD Nº 86** | Carrera de relevos en la que hay que llevar una cuerda sobre la parte del cuerpo que indique el profesor sin que caiga al suelo. |

| ACTIVIDAD Nº 87 | Por parejas, con una cuerda, simular que conducimos a un caballo tirándole de las riendas para que gire a la izquierda o derecha sin chocar con el resto de compañeros. |

| ACTIVIDAD Nº 88 | Correr libremente por el terreno de juego y, a la señal del profesor, ordenarse siguiendo las indicaciones del profesor (por altura, por medida del pie...). |

| ACTIVIDAD Nº 89 | Correr libremente por el terreno de juego y, a la señal del profesor, acostarse junto a un objeto que cumpla las características indicadas por el profesor (más bajo que nosotros, más alto, más largo, más corto...). |

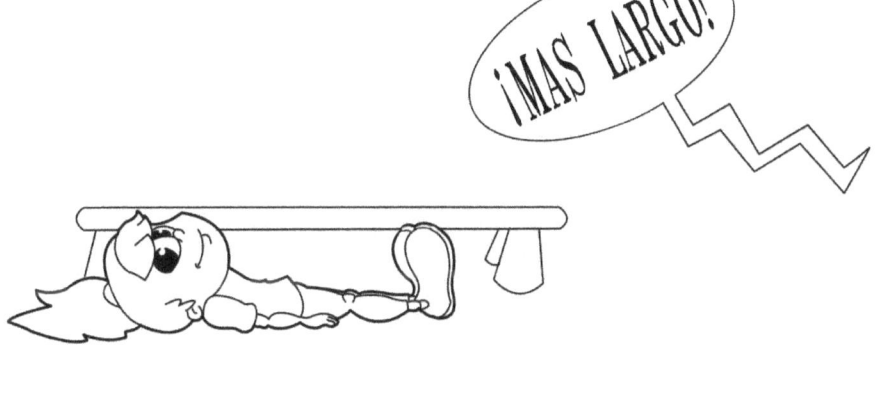

| ACTIVIDAD Nº 90 | Por parejas, el primero se desplaza por el terreno de juego a diferentes velocidades y el otro le copia por detrás. |

| ACTIVIDAD Nº 91 | Tras colocar diferentes objetos en una espaldera, el profesor indica a sus alumnos cuál tienen que ir a coger (el que está más arriba, más abajo, en medio...). |

| ACTIVIDAD Nº 92 | Correr por el terreno de juego con un objeto, llevándolo a la altura que indica el profesor con gestos. |

| ACTIVIDAD N° 93 | Individualmente con un balón, lanzarlo e intentar correr lo más cerca de él hasta que se pare. |

| ACTIVIDAD N° 94 | Igual que el ejercicio anterior, pero ahora nos situamos delante del balón e intentamos que no nos pille, reduciendo nuestra velocidad progresivamente hasta quedar parados. |

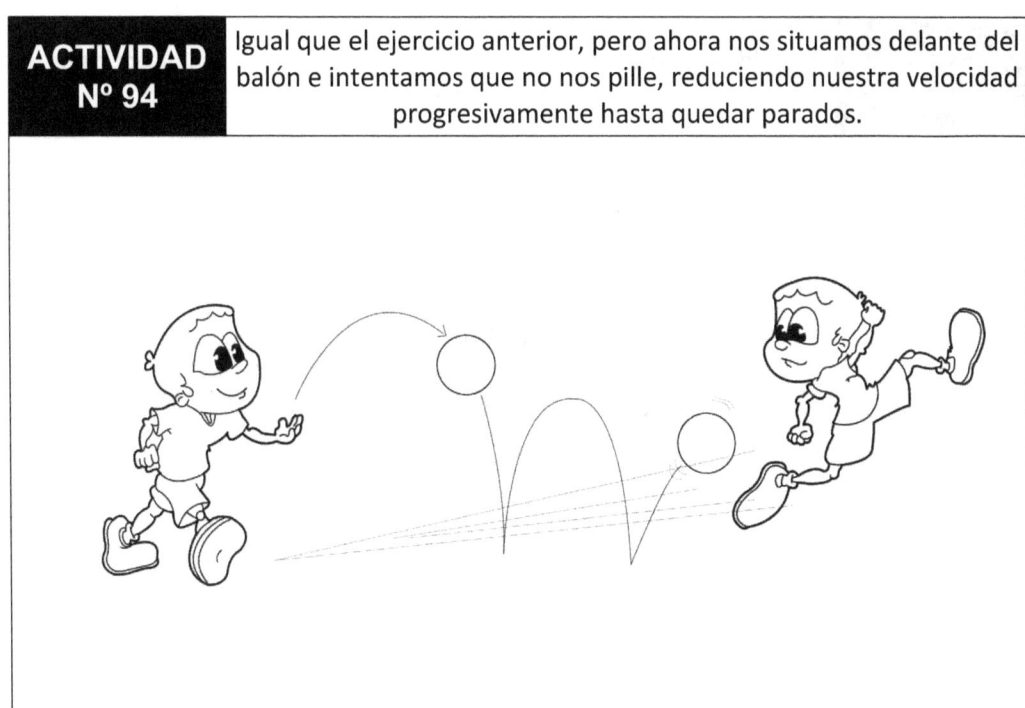

| ACTIVIDAD N° 95 | Igual que los ejercicios anteriores, pero esta vez nos situamos al lado del balón e imitamos su velocidad. |

| ACTIVIDAD N° 96 | Individualmente, con una pelota, saltarla en todas las direcciones posibles con los dos pies. |

ACTIVIDAD Nº 97

Desplazarse por el terreno de juego de la forma indicada por el profesor. A medida que pasa el tiempo éste va reduciendo el espacio de trabajo hasta que no se pueda realizar la actividad.

ACTIVIDAD Nº 98

El profesor se sitúa en el centro de la clase e indica a los alumnos si tienen que alejarse o acercarse a él.

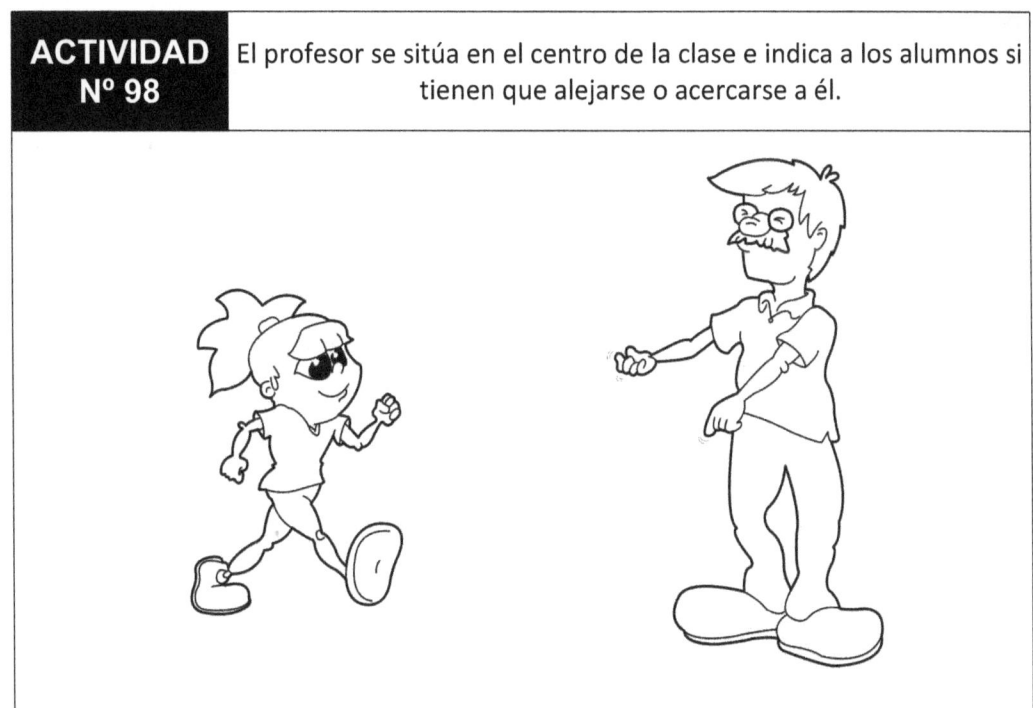

| ACTIVIDAD Nº 99 | Atrapar a los compañeros que llevan balones para quitárselos. Cada vez que quitamos un balón sumamos un punto. |

| ACTIVIDAD Nº 100 | Tras colocar una cuerda o pintar una raya en el suelo, botar una pelota en diferentes direcciones teniéndola como referencia (recto hacia delante, hacia atrás, a un lado y otro, etc.). |

ACTIVIDAD Nº 101 — Quitar la cola (tela) a los "zorros" que corren para no ser cazados. Cada vez que quitamos una cola sumamos un punto.

www.ingramcontent.com/pod-product-compliance
Lightning Source LLC
Chambersburg PA
CBHW081132170426

43197CB00017B/2833